IMPRESS YOUR CUSTOMERS WITH YOUR HEART

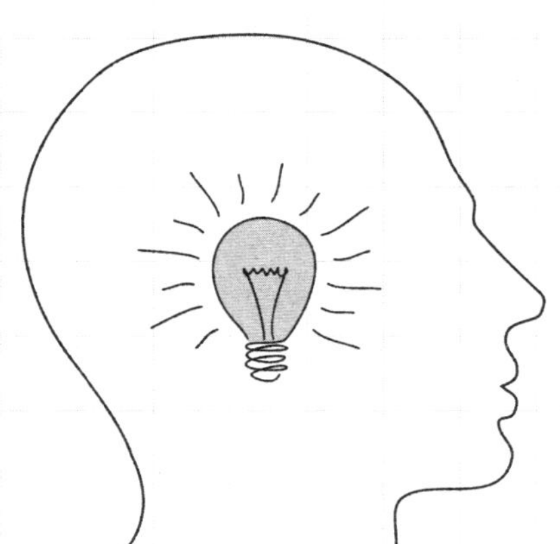

庆年·编著

快速打动客户的心

——面对85类客户的销售心理实战

图书在版编目（CIP）数据

快速打动客户的心：面对85类客户的销售心理实战 / 庆年编著. — 北京：企业管理出版社, 2017.10

ISBN 978-7-5164-1565-8

Ⅰ. ①快… Ⅱ. ①庆… Ⅲ. ①销售—商业心理学 Ⅳ. ①F713.55

中国版本图书馆CIP数据核字（2017）第190491号

书　　名：快速打动客户的心——面对85类客户的销售心理实战
作　　者：庆　年
责任编辑：聂无逸
书　　号：ISBN 978-7-5164-1565-8
出版发行：企业管理出版社
地　　址：北京市海淀区紫竹院南路17号　　邮编：100048
网　　址：http：//www.emph.cn
电　　话：编辑部（010）68701891　发行部（010）68701816
电子信箱：niewuyi88@sina.com
印　　刷：三河市嘉科万达彩色印刷有限公司
经　　销：新华书店
规　　格：170毫米×240毫米　16开本　14印张　219千字
版　　次：2017年10月第1版　2017年10月第1次印刷
定　　价：45.00元

版权所有　翻印必究·印装错误　负责调换

序言

销售是当今最有挑战性的职业。好的销售员就像是魔法师，冥冥之中似乎有着一股神奇的力量，可以轻易突破人际隔膜，搅动另一个人的内心世界。

美国人曾豪迈地说起自己的伟大理想：要么做销售员，要么做美国总统。这句话轻轻道出了商业世界的精髓。在美国，民选的总统就是天字头一号的销售员。他需要日复一日地向国民和世界兜售他的政策从而寻求民众和议会的支持。如果他的销售成绩不及格就无法当选，自然也无法成功连任。其实每一个人在自己人生的道路上，都会或多或少“秀”一把销售员的角色。销售结果的成功与否，也决定了你今后人生道路是否平坦。

成功的销售员是伟大的。他们直入人心的洞察力似乎是与生俱来的。销售员的业绩似乎与学历、性别甚至相貌、口头表达能力等并无必然关系。美国的一位王牌推销员天生就是个结巴，说话不利索，客户反倒觉得他诚实可靠，于是尽量帮他把想说的话一一表述出来，在此过程中所持立场无形中也被销售员完全同化。成功的销售秘诀不在于言语和所谓的技巧，而在于真诚的内心和恰如其分的传递。一个善解人意的微笑，一个友善的眼神，一杯暖暖的茶，往往比巧舌如簧地宣传和解释要有效得多。

古语云，知己知彼百战不殆。俗语也常说将心比心。我们由此可以得到启发：要想赢得客户的订单，先要获得客户的认可；要想获得客户的认可，先要赢得客户的心。作为销售人员，让我们常常无所适从的是客户往往是形形色色，我们很难了解对方究竟是什么心态，自然也很难对症下药。这就需要从丰富的销售阅历中汲取和提炼各种具体经验和技巧，并从理论上给予分析和指导。

序言

本书分门别类地搜集整理和详细分析了80多个不同类型的客户，一一给予现象描述和内心剖白，并直接给读者支招如何想办法拿下客户。毫无疑问，这是一个充满故事和欢乐的阅读过程，其中的分析并不想从理论上做更多的阐述，而是让您更为深入地去理解这一个个典型客户和所代表的销售场景。销售往往被业内认为是一个不招人待见的活儿，比如二手房销售的手机常常被定义为骚扰电话而遭自动拒接。但是你别忘了正是因为这样，销售也是最让人开心的职业，有什么比让客户自愿掏钱更让人兴奋的呢？这里面的客户类型划分不是非常严格，实践上他们的角色也是随时在换位和错位，找到他们特定的心理定式和特点是本书核心目的之所在。每一个人的生活阅历和内心思想都不一样，每个人看到描述的某种客户的种种细节，都会不由自主地想起自己经历过的场景和故事，并想到更多的应对方法。大千世界，客户心理岂是一本书所能概括的，但通过本书如果能够启发您的共鸣，引起您的思考，进而帮助您培养起一套自己的观察客户、分析客户、应对客户的好方法，那么本书抛砖引玉的作用就算达到了。

最后，再强调一点：己所不欲，勿施于人。与客户打交道绝没有现成的套路一说，当您在遇到客户时感到有困难和挑战，请记住一定要有将心比心的心态，用平常心面对眼前的顾客，相信天下肯定没有您应对不了的客户！

祝您成功！

编者

2017年7月

目　录

CONTENTS

第三章 从营销细节工作挖掘客户

第四章 从客户反馈信息挖掘客户

第一章

从客户心理研究挖掘客户

❶ 喜欢冒险和挑战的客户

对象了解

产品的性格必须反映客户的性格。喜欢冒险和挑战的客户往往不安现状，不满足于平稳的生活，喜欢从事具有挑战性的工作，这类群体性格活泼、热情，不安分，敢于冒险，有责任感。他们的活动范围不局限于本职工作，喜欢迎接外界的挑战，也经常对自已提出积极的挑战，进取心强。

案例介绍

20 世纪 80 年代，奥迪公司为开发 Quattro 四轮驱动系统投资了数十亿美元，经过 25 年的不断改进，Quattro 全时四轮驱动可供全系列车型选装，在 S/RS 车型和 all road Quattro 车型号上已经系列化。

许多高档轿车普遍采用发动机前置、后轮驱动的方式。因为这种驱动方式使得车辆中心分配比较均衡，一般可以达到 50∶50 的最佳比例，过弯的极限值更高，所以在加速转弯时，司机就会感到有更大的横向握持力，操控性能变好，比如世界上以特别强调驾驶乐趣著称的宝马汽车就是后轮驱动的典型品牌。但是，奥迪公司却挑战这项技术，开发了引以为傲的 Quattro 全时四轮驱动系统。这种驱动方式通过托森差速器，有效实现驱动力的动态分配，附着力大的车轮承担较大的驱动力矩，同时其他车轮可以承担较多的侧向力，这样即使是车辆遇到冬季冰雪路面等复杂路况，或加速转变，也可迅速地自动实现各个车轮理想的动力分配。因此，对于驾车者来说，Quattro 全时四轮驱动系统提高了车辆在路面附着不佳情况下的行驶性能和驾驶的稳定性。为了进一步优化转向性能，奥迪还采用了 ESP 电子稳定性程序控制系统。

该技术研发成功后，奥迪又进行了一次具有挑战性的试车实验。装配该系统的奥迪 A6 4.2Quattro 轿车成功爬上芬兰开普拉速降滑雪跳台坡度为 37.5 度的滑雪道。

案例分析

喜欢挑战的客户总是喜欢对现有最佳标准进行挑战，认为“没有最好，只有更好”。奥迪公司正是迎合了他们的这一心理，同时自己也遵循了挑战最高峰这样一种风格，因而得到客户的信赖和支持。

点子

针对这类客户的产品和服务要具有灵活性，忌讳呆板没有活力。抓住这类客户主要依靠品牌理念以及各种具有挑战性的促销活动和品牌推广活动。尤其是要做好市场调查，锁定目标群体，然后集中精力做精准促销和广告推广。继续以奥迪汽车为例，类似产品可以从马力、技术参数、性能等方面强调其突破性，从品牌理念上标榜其锐意进取的品牌精神。在促销活动中，可以以各种形式的挑战体力和智力的活动吸引这类客户参与。在品牌推广活动中，不断丰富其品牌内涵，适应各种新要求，迎接新的价值挑战，给人以雄浑大气的品牌定位和“硬汉”式的企业形象。总体而言，就是将这类客户的性格、气质自我化，组织化，进而感染这类客户，促使他们成为企业可靠的客户。

2 “新不如旧、敝帚自珍”的客户

对象了解

客户黏性是什么？就是对产品和服务的习惯性依赖。一个物品使用的时间久了，会感觉用顺了手，总感觉比新买的更好用，即使物品已经用坏了，却也舍不得扔，主人对这件看上去不起眼的物品已经有了感情。“敝帚自珍”的客户正是出于这种人性中的“善感”而迟迟不肯抛弃已经伴随自己多年的老旧物件，尽管它实际上已经需要更换了。再者，更换意味着新的消费，意味着新的支出，出于节俭以及物尽其用的考虑，客户总是推迟这种更换。这是一种怪异但又很常见的消费惰性。进一步说，不仅街坊大妈如此，就是用惯了Office2010版软件、喝惯了不加糖的咖啡、开惯了手动挡汽车的年轻群体同样存在这种消费心理。

案例介绍

苏中地区某超市的管理层计划搞一次大型促销活动。在分析了市场后认为，很多用户正在使用的物品实际上都需要更新换代，但是因为各种原因，包括节省开支等，没有进行新的购买。

超市要怎样促使用户实施新的购买行为呢？管理层经过讨论认为，要使客户实施新的购买就必须帮助客户节省开支，使客户在进行新的购买时既感受到获得新物品的喜悦，又不觉得是一种浪费，从而获得一份超值的满足感。

在这种分析下，超市想出了一个方法，就是以旧换新。顾客如果拿旧的商品来换取新的商品，价格上将降低很多，顾客几乎只要支付原来一半的价格就能买到新的商品，这样既节省顾客的开支，又推销商场商品，一举两得。于是，小到日用百货，大到家用电器，全方位地开展以旧换新销售业务。

此举果然奏效，在一个星期之内，超市非常热闹，拿着旧的物品来换取新产品的顾客排起了长长的队伍，超市的销售量大增，短短40天销售额达200多万元，比平时增加两倍多，并呈现供不应求的局面。顾客们对这种销售活动非常满意，认为这样既省了钱，又节俭了社会资源。

超市的老板算了笔账，很多旧的商品都可以被超市产品供应商回收，因此超市可以回收一定的成本。同时，新的商品在卖出的时候仍然有微利可图，而重要的是销售量大增，使得超市的利润整体上得到提高。同时，这个举措还得到客户的好评，使超市的知名度和美誉度都得到提高。这样一来客户和超市皆大欢喜，取得了双方都满意的效果。

还有一家商城的以旧换新做得更是绝，他们提出客户如果拿旧的商品来换取新的商品，新的商品在价格上可以进行打折，而旧的商品商城将捐献给希望工程，此举为该商城获得了极好的声誉，当地的报纸还把此事作为新闻给以报道。

案例分析

以退为进，原意是以谦逊退让取得德行上的进步。后来专指以退为进的经营策略手段或军事谋略。在企业经营中正确选择销售战的进攻方向和时机，这里面是很有“学问”的。经营销售有利态势的造成，不仅依赖于经营者的优势，而且也有赖于创造新优势时正确选择进攻方向和时机。以旧换新只不过是“避实就虚”，正如这家超市经营目标的选择，“以退为进”开展以旧换新的业务，建立在广大消费者能接受和切实可行的基础之上，引导了顾客的消费目标；而类似号召客户“以旧换新，忍痛割爱，将安全体面的旧商品捐献给贫困地区受灾群众”的营销创意则在企业形象建设上更是前进了一步。

点子

其实，人性总是矛盾的。在对旧事物的怀念中，人性中又有“喜新厌旧”这一潜在心理。谁不喜欢用新的东西？实际上人人都乐意拥有一件新衣服，一套新的家具，对旧事物的怀念只是一个非常脆弱的情结。关键是要给“敝帚自珍”的客户一个更换旧物进行新消费的好理由。“以旧换新”不失为一个经济划算的好方法，而将“旧”的东西用得有意义（比如捐赠给贫困地区受灾群众则巧妙地满足了“敝帚自珍”客户对“旧”东西的珍视情感。针对这类客户，企业的点子要巧在除了在实现促使客户进行新消费外，圆了客户“珍视”这样一种良好的愿望）。

记住：要让“敝帚自珍”的客户“开心地扔，痛快地买”。

3　好攀比的客户

对象了解

这一类客户在与人交往时喜欢表现自己，突出自己，不喜欢听别人劝说，看问题比较主观，任性且嫉妒心较重。对待这类客户要找到熟悉并且感兴趣的话题，为他提供发表高见的机会，要善于倾听客户的观点，千万不要反驳或打断其谈话。在整个销售过程中销售人员不能表现得太主动和突出，不要给对方造成对他极力劝说的印象。如果在销售过程中你能使第三者开口附和你的客户，那么你会在心情愉快的情况下做出令你满意的决策。记住不要轻易托出你的底牌。

此类客户喜欢自我吹嘘，炫耀自己的财富、才能与成就，凡事均要发表意见，高谈阔论，自以为了不起。应付此类型客户，最好是先做他的忠实听众，给予喝彩，附和道好表现出诚恳羡慕及钦佩，并提出一些问题，请对方指教，让其尽情畅谈，以满足其发表欲。

这种消费心理大都是儿童和青少年所具备的。他们选购商品时，不是由于急需或必要，而是仅凭感情的冲动，存在着偶然性的因素，想比别人强，要超过别人，以求得心理上的满足。其动机的核心是“争赢斗胜”。当然，这种消费心理出于人情的作用，在每个年龄段都会有，甚至有钱的人喜欢攀比，没钱的人也喜欢攀比。儿童、青少年喜欢攀比，中年的成功人士也喜欢攀比。

案例介绍

在云南有一家烟草专卖店，主要经营中高档烟草，本来不太惹眼，却因为店主搞了一次很特别的商业活动而名声大噪。原来，店主在店里摆了一个打火机柜台，摆出了各式各样的高档打火机，更特别的是出售各种各样的市面上很难买到的老式火柴。高档打火机中价格最高的叫出了 10000 元的天价，是店主请一个珠宝加工商用水晶精心制作的，打火机上刻有该店的店名，是由金粉镶嵌的。店主搜集了以前各地火柴厂生产的目前已经停产的火柴，摆在柜台里陈列着、每盒火柴的价格也非常高，居然有一种“开封”火柴标价 500 元一盒。

此柜台摆出来不久，吸引了非常多的烟民，尤其是招来了无数“大款”，这些“大款”为了攀比，竞相提价要购买水晶打火机和一些已经非常少见的火柴，议购价居然还一翻再翻，水晶打火机翻到了 100000 元，火柴也翻到了 5000 元，简直是当时一大怪谈。更令人不解的是，店主坚决不售，说只是陈设品。“大款”们就不服气了，为什么标价的商品却是陈设品，不标出售价摆出来干嘛？局面闹僵了反而使得更多人关注起这件事情，好事者将这事告到了烟草局，但是烟草局认为该行为纯粹是店方的商业行为，没有违反烟草专卖的制度规定，因而烟草局无权干涉。官方加入此事，使得该烟店更是被传得街巷尽知。

案例分析

案例中的故事就是店主有意进行的一场隐性的公关策划。公关策划是一门充满创意的艺术，人们是很难找出一套固定不变的原则和方法的，所谓“兵无常势，水无常形”。公关策划用心思考也和广告艺术一样可以创意百出。只要公关人员有广博的知识和丰富的想象力，决策者可以打破常规思维，反其道而行之，往往能够收到出奇制胜的效果。

“制造新闻”成为消费者关注热点，借题发挥，引起公众的注意，店主的行为可谓是“醉翁之意不在酒，在乎山水之间也”。店主的经营理念真是打破常规思维经营的典范。所谓打破常规思维的方式就是对思维信息进行自由联想、排列和组合，排除了思维定势的干扰，追求新鲜、离奇，以达到惊人的效果。

点子

此类客户多半较虚伪，爱虚荣，装腔作势，骄傲自大，轻佻，喜挑剔。只要迎合对方心态说一些恭维、奉承、幽默、赞美的话，以满足其虚荣心与自卑感即可。

从实用的角度来说，几百元一件的衣服和上万元一件的衣服并没有多少实质性差别。在生活中，穿世界名牌，吃顶级大餐，住六星级宾馆，就感觉是高人一等，花钱越多越自豪是很多人都具有的心态。从古时候的石崇斗富算起，比排场论阔气就被看作是一种有钱人的风尚。“不求最好，但求最贵！”电影《大腕》里面的这句著名台词入木三分地刻画了消费者的攀比心理。事实上，人都有一种好胜心，有的表现得突出一些，有的隐晦一点。当然，从营销的角度来说，客户群体是分层次的，马斯洛的金字塔需求理论也充分说明人的欲望客观上存在演化的过程，因此抓住好攀比客户的心理特点，对于营销者来说是一门必须掌握的艺术。

在某大型的商场里，一对外商夫妇对一只标价二十几万元的翡翠戒指很感兴趣。销售人员做了些巧妙的介绍："某国总统夫人也曾对它爱不释手，只因价钱太贵，没买。"这对夫妇听了此言，欣然买下。因为顾客的购买动机不尽相同：有讲究"实惠"的，有追求"奇特"的，还有出于"炫耀""斗胜""攀比"的。显然，在售货员的刺激下，这对夫妇以此表明自己比总统夫人更阔气。

以"挑逗"的语言刺激顾客购买信心是生意人的长处，他们最能把控这些语言的使用界限，在顾客看来，商家都是真诚的。

虚荣，其实是一分并不理性的情感。好攀比的客户通常追求名牌和流行，而且喜欢在价格上进行攀比。这对企业而言就是一个好机会。要抓住这类客户，你在广告宣传和销售活动中应该着重强调品牌知名度和美誉度，强调产品的高级品位，选用重量级名人代言，强调产品的流行势头，受"炫酷一族"喜爱的程度。定价上偏高，但要符合目标客户的购买力水平。应坚持"一口价"，不任意进行打折促销，销售场合也很重要，一般以专卖等较讲究的形式进行，保证产品"凤立枝头"的高形象。

记住：最好的方法是要给好攀比的客户一种"会当凌绝顶，一览众山小"的感觉。

4 崇尚政治权威的客户

对象了解

有的人群对明星不感兴趣，致使现在以明星作为主要代言人的广告对这个人群的影响力很小。这类客户通常有理性主导行为，遇事冷静，对各种渠道的商业信息有敏锐的判断力，对企业各种促销行为也有较强的洞察力。但是，这类客户却非常迷信政治权威，对政治权威的言行奉若神谕，认为只有权威的言行才是严肃的、负责任的，才是可靠的信息资源。

案例介绍

1983 年，中国大陆第一家中美合资的五星级宾馆——北京长城饭店正式开张营业。

营业伊始，最紧迫的任务自然就是招徕顾客。按照通常的做法，最有效的招徕方式就是广告。当时，国内的电视广告每 30 秒大概是几千元，香港地区及国外的广告则达到每 30 秒三四万港元甚至更高。长城饭店主要是面向港澳及海外宾客的，自然是国内、国外广告一起做。一开始，长城饭店确实也做过不少广告，但由于经费不足，效果又不佳，只得停止广告攻势，转而通过其他方式进行宣传。

1984 年 4 月，美国里根总统访问中国。在这之前，长城饭店已经借慕田峪长城修复完毕时的新闻发布会大大宣传了一次，使自己的名字和慕田峪长城一起名扬海外。尝过了新闻公关甜头的长城饭店决定要好好利用这件事再扬名一番，再接再厉。经过了解，这次到这里的与里根随行的记者团多达 500 人，包括了美国的三大电视网和各主要报刊、通讯社，面对如此庞大的队伍，看来是一头难啃的“大象”。

饭店立刻制订了公关计划，组织人员迅速开展。首先，他们频频邀请美国驻华使馆的工作人员到长城饭店参观，然后他们抓住长城饭店中美合资这一“特殊关系”，以“美国投资的一流饭店，自然应该用来接待美国一流的新闻代表团”为由，提出接待新闻代表团的要求。经过协商，长城饭店如愿以偿。很多经营者会以为做到了这一步就基本上大功告成了，实则不然，重要的是要在招待的过程中抓住每一个细节恰当地借此事宣传饭店，代表团来了，长城饭店自然使出了浑身解数进行接待。各种硬件设施自然不必说，他们把富有中国园林特色的“艺亭苑”茶园的六角亭推荐给 CBS，将中西合璧的顶楼酒吧“凌霄阁”介绍给 NBC，将古朴典雅的露天花园介绍给 ABC 公司，作为他们播放电视新闻的背景。他们还提出，只要播报新闻时说上一句“我是在北京长城饭店向观众播报”，一切费用都可以优惠。这样一来，长城饭店的精华部分，尽收西方公众的眼底，而且都知道了它的名字。

做到这一步已经非常不容易了，但长城饭店还有更高的公关目标。过去，国宴一般都在人民大会堂、国宾馆或各国使馆里举行，移到其他地方举行尚无先例。长城饭店的目标就是要破一次例，开一个前无古人的头。于是，他们又把目光盯到里根总统的答谢宴会上。经过一番艰苦的说服工作，中美双方都被他们说动了，里根总统也乐意支持美国企业在中国的业务发展，最后决定，答谢宴会在长城饭店举行。里根的答谢宴会自然是吸引了全世界的目光，新闻报道自然不能不提到新闻的发生地。这一次，长城饭店的名声真正大振起来。从此，海外宾客纷至沓来。

案例分析

利用名人效应的例子很多，百事可乐、“凯丽”箱包都是成功地借用名人效应的经典。现今娱乐业发达，影视演员作为名人成为利用名人效应的主要对象。因为影视演员这类名人本身就是商业化的，所以有钱就能利用，更多体现为商业广告的形式。政治名人则不同，他们不可能直接做商业的宣传，所以一般体现为通过巧妙的公关“借”来宣传。案例中，长城饭店值得企业学习的有三点：首先，在公关上进行突破协商达成共识，成功邀请到政治名人；其次，安排好具体的活动，抓住各种细节不露痕迹地宣传，商业的味道被隐藏了，其效果反而会更好；最后，就是挑战前例，达到一种使人震惊的效果。

谁都知道名人效应在营销中的巨大作用。长城饭店比别人更早地知道了这一点，更早地实践了这一点。更难得的是，它还知道要充分挖掘名人的各种资源，最大限度地为自己服务。如果认为能把里根请到饭店就好，其他的事一概不理，那么长城饭店也就像以前也曾经接待过外国政要的其他饭店一样，只不过是个接待的场所而已。但是，长城饭店却做到了不仅能把名人请来，还把工作做到其他相关的行业，特别是做到把媒体调动起来，通过他们把自己的精华部分免费地广播出去，做到不花钱办大事。

公关，是一件细致而复杂的工作。公关工作，“润物细无声”，它通过一大堆细小的工作，把大的目标共同扛起来。

点子

要请动政治权威为企业产品发言几乎是不可能的事，企业只能依靠巧妙的公关手段“借用”。崇尚政治权威的客户熟知政治权威行事的风格，即沉稳大气不事张扬。当然，像长城饭店这样巧妙运用政治权威做广告的办法能够奏效，得需要天时、地利、人和。公关无小事，政治权威具有很强的严肃性，尤其需要慎重对待，切不可弄巧成拙，否则会事与愿违。这里讲的政治权威也是泛指，更多的是强调广告公关务必顺应社会发展趋势和国家政治潮流，既能够顺理成章地抢到眼球，又不越雷池半步。

5　需要信任感的客户

对象了解

这是一个缺乏信任的时代。调查显示：现代消费者身上的三大稀缺资源是时间、注意力、信任度。现代社会中，消费者在个人关系处理中已没有了昔日的人与人之间的信任，显而易见，他们更不可能去信任一个企业这样的商业组织体。调查表明，选择信任一家企业的人只有不到 27%，而信任政府或广告的更只有 14%。

案例介绍

无锡洗衣机厂对“小天鹅”确定的经营方针是服务第一，销售第二，非常重视企业给客户的信任感。

他们坚持在各地最有信誉的商店里销售自己的产品，其中最值得学习的是他们推行的“金奖服务信誉卡”制度。首先，企业将自己和每一个经销商的服务公约、责任人、联系电话一律张榜公布，如果客户发现了产品质量上的问题或经销商服务上的问题，可以直接打电话到经销商处或打到公司质询，公司将在最短的时间内给予答复。其次，公司为所有用户办理商品责任保险，不用客户承担保险费用，如果商品对客户造成财产或人身上的损害，客户不仅可以向经销商索赔，也可以向公司索赔，同时，有保险公司保障，确保客户不会索赔无方。最后，公司在产品中投放信息反馈卡，收集用户意见，接受用户监督。客户有任何意见都可以通过信息反馈卡反馈给公司，公司对产品进行必要的改进，对服务进行必要的完善，绝不把客户的反馈信息扔在一旁。

正是这个制度，保障了消费者的权利，明确了公司和经销商的产品责任和服务义务，消费者对使用他们的产品才非常放心。

良好的服务为“小天鹅”赢得了多项荣誉。客户也因此对“小天鹅”具有很高的信任度。把市场的要求和用户利益作为自己永久的动力，终于使“小天鹅”越“飞”越高了。

案例分析

该案例使经营者悟出“以诚相见”的内涵，“真”是不容怀疑的。无锡洗衣机厂靠真诚的服务，才使产品进入千万家。日本松下公司曾提出：“销售前的奉承，不如销售后的服务。”可见企业推销应从对消费者的影响方面考虑，这是企业实现“超越”的有效途径。现代社会，商品信息泛滥，消费者不知道是相信哪一个才可靠，在与客户打交道的过程中，赢得对方信任的方法是让他们了解事情的真相，并努力为他们提供最多的细节与无微不至的服务。直率地说出实情，真诚地对待客户，即使第一次不能成功，也会给对方留下深刻的印象。赢得客户信任的最好方法就是真诚地对待客户，让对方知道真实的情况。

点子

信任缺乏的原因是多样的，众多的欺骗手段、众多的虚假信息是造成相互之间不信任的原因之一。还有一点也很重要，而且不容易发觉，那就是客户知识水平提高了，信息渠道增多了，质疑的态度加强了。

有的厂家设立了 400 免费电话和微信企业号，但是消费者联系维修或者投诉的时候却打不通电话或者服务人员下班不闻不问，根本不能及时回应消费者的需求。这样的营销服务完全是帮倒忙。

“当人们不相信上帝时，也不是什么都不相信了，而是去相信任何事情。”旧有的很多信任源于一无所知。现代消费者用信息武装自己，抛弃了旧有的无知型的信任。现代企业面临着重建一种科学型的信任，那就是设立专业的信息咨询机构，为客户提供可靠、实在、全面专业化的产品服务信息。这种机构对企业表现出一定独立性，为客户提供信息同时包容产品和服务的优缺点，表现出科学公正性，信任便由企业提供的这种可靠的咨询信息建立起来。

使客户对产品和服务产生信任的方法：

1. 进行适当的地域定位

通常情况下，公司如果对生产的产品或服务进行特殊的地域定位，会使它们获得真实可靠性。尽管表面上看来，这些产品与竞争品牌的产品完全相同，但它们却具有竞争品牌的产品所不具备的真实可靠性。瑞士手表、法国葡萄酒、苏格兰纯麦芽威士忌、宣威火腿、云南白药、狮峰龙井等都是很好的例子。从不知名的蓄水池中流出的自来水，我们看不到它的来源，因而很少注意到它；相比之下，瓶装水可以仅仅通过宣传其来源于有特殊营养物质的地区而卖得高价。比如依云瓶装水，厂家宣称它来自法国高山，由山上的雨雪制成，这些雨雪要慢慢渗过富含矿物质的冰雪层，这使它成为高档饭店里真实可靠且广受欢迎的饮品。

2. 使你的产品和服务具有独创性

如果能在产品设计和生产过程中施以足够的技巧，那么即使极普通、适用的产品也能被赋予真实可靠性。创意迭出的产品和服务，意味着生产者为消费者投注了极大的心力。这本身就是无声的广告，也特别容易获得消费者的信任感。

当客户对你说的话表示出不信任时，你可以使用下面的五步法来对购买行为进行管理：

第一步：通过提问找出客户的具体疑虑、担心或忧虑；

第二步：使客户确信其担心是有必要的；

第三步：对客户的疑虑进行解释，并提供事实依据；

第四步：询问客户你是否消除了其疑虑；

第五步：请客户实施购买行为。

想要说服一个持怀疑态度的客户，你要做到以下几点：

第一，通过你的行为和话语建立信任。你是否能够赢得这笔交易，客户对你和你的公司的信任在其中起着重要作用。也许你用几分钟时间就能建立信任，也许得用上几天时间，而这种信任主要是基于你的行为和语言。

第二，发掘客户的疑虑并予以答复。通过五步法找出客户的疑虑，予以答复，再问问客户你是否消除了他们的疑虑。

第三，用事实依据来证明你的话。当对客户的怀疑进行解释时，可以利用研究结果、第三方的评论、文件、对比研究、产品的示范演示、实验验证，或者样品试用来证明你的话。

第四，提及有影响的第三人来获取客户信任。

告诉顾客，是第三者（顾客的亲友）要你来找他的，这是一种迂回战术，因为每个人都有“不看僧面看佛面”的心理，所以大多数人对亲友介绍来的推销员都很客气，比如：“何先生，您的好友张安平先生要我来找您，他认为您可能对我们的印刷机械感兴趣，因为，这些产品为他的公司带来很多好处与方便。”为了取信顾客，若能出示引荐人的名片、介绍信或者好友圈的互动点赞，效果会更佳。

打着别人的旗号来推介自己的方法，虽然很管用，但要注意，一定要确有其人其事，绝不可能自己杜撰，要不然顾客一旦核查起来就露马脚了。

记住：可信的证据就会带来信任。

6 喜欢参与的客户

对象了解

不喜欢作旁观者，对任何事都喜欢参与其中。关注企业的各种销售活动，并乐意参与其中。喜欢表达意见，根据自己参与活动的感受对销售活动进行评价。这是自发的企业监督者（外部监督）和最好的信息反馈者，他们可能是企业最忠诚的客户，也可能是打击批评企业态度最强烈的人群。

案例介绍

现在超市行业竞争相当激烈，商业硬件的竞争已难以保持优势，一味追求价格竞争，必然导致恶性循环，形成价格大战，两败俱伤。因此，谋求发展唯有真正让顾客宾至如归，吸引顾客参与进来，树立利润只是商业经营的结果而不是目的，服务顾客、与顾客共谋发展，实现整体社会效益才是企业的经营宗旨的理念。

百佳连锁超市以其服务社会以促进企业效益的提高的理念，使其在竞争中崭露头角。超市发现有很多客户喜欢参与超市举办的各种节日庆祝活动和促销活动，于是决定在每周的星期六和星期日举办娱乐活动，吸引这些客户参与进来，成为超市的宣传志愿者。

娱乐活动的内容每周一变化，让顾客免费参与活动，熟悉商品性能，达到娱乐与购物的结合，让顾客玩得开心，购物满意。

事实上，现在很多上班族在周末没有合适的娱乐活动，因为时间比较短，很多出游性的娱乐活动都无法实施，而城市内的娱乐场所则收费很高。另外，周末还要采购一些商品准备下周享用。百佳连锁超市举办的这一活动刚好符合了顾客们的需求，立刻吸引了大量的顾客参与进来。顾客娱乐购物同时进行，非常满意。这些客户在新的工作开始后不免向同事朋友讲到自己愉快的周末，这使得百佳连锁超市的名字一下子传到了更多人的耳朵里。

案例分析

百佳连锁超市的欢乐周末系列活动收到很好的成效，就在于运用人类特有的理论思维推行了一系列硬软环境经营。企业经营注意“硬件”——商品本身，还注意到了“软件”——环境与气氛，表面看来企业是在做亏本的买卖，但实际上却赢得了顾客。取得了信任之“心”，这是用金钱买不到的最珍贵的潜在“物”。因此，我们不能仅仅孤立地静止地看待市场，而是以系统的科学眼光，将多种要素综合起来进行分析，动态地看市场。

点子

喜欢参与的客户是社会参与性很强的人群，舆论辐射力强，因而对企业能产生不容忽视的影响，企业可以通过调研活动、促销活动、有奖问答活动或赞助活动，举办公益活动等形式吸引这类客户，同时，企业可以大胆地将一些内部管理和经营事宜也公开出来引入这类人群的参与，发动群众的智慧，提出合理有效的意见，帮助企业发展，从而获得客户的信任，赢得客户的热情，提高客户忠诚度。

记住：学如逆水行舟，不进则退。经营客户满意度亦如是。

7 看重交流和社会地位的客户

对象了解

这类客户在进行消费选择和购物选择时，注重考虑所选择的方式是否适合自己的社会地位和社会交流的需要。只有他们觉得所进行的消费和购物符合他们的社会地位并便于社交时，他们才感到愉快，并且以后还会进行重复消费。

案例介绍

时下的北上广等一线城市，周末、午休或者下班时刻，去星巴克点一杯卡布奇诺，静静地坐在玻璃窗后面发会儿呆，一边用免费的WiFi浏览和发送微信与微博，一边等着和闺蜜基友们的小约会，这几乎是许多大城市白领生活的标配方式。在他们的心中，自己喝的不是咖啡而是寂寞和情调，喝的是一种生活方式。

星巴克的创造人霍华德看到，城镇里的广场不见了，取而代之的是众多的大商场和涌进城来不善言辞的外乡人。他从第一手资料中了解到，在西雅图以及美国所有的城市中心，人们几乎都来自不同的地方。

除了这个巨大的变化，霍华德还看到有两种场景不断出现。其中一个经典的场景出现在巴黎和米兰：巴黎人和米兰人坐在街边的桌子旁，边吃边喝边聊天。即便天气凉了，巴黎的人们也会裹紧衣服，站在风中长时间地等待街边空出一张桌子。这个时候，只有巴黎的服务员——或许是世界上最娇小的女性，才能够在他们中间如流穿梭。

他们这么做是因为天气和新鲜的空气吗？

那只是一部分原因。在街边闲坐的一个更深层次的原因在于人们乐于交流的天性。坐在桌边，你看到的不仅是其他的进餐者，还可以看到成千上万的行人。于是你对社会和你生活的地方有了更清晰的了解。

霍华德明白这个道理，他又想起了另外一个场景：第二次世界大战后兴起的手鼓（Beat）咖啡屋。

那些地方早就不存在了（可能只存在于诗歌当中）。但在 20 世纪 50 年代中期到 60 年代早期，这些地方则是美国的标志。留着山羊胡子的人们敲打着手鼓，吟诵自由体的诗歌，而听众则会坐在那里慢慢地呷着黑豆汤一般的咖啡。

手鼓咖啡屋和欧洲的咖啡馆满足着人们同样的需要，只不过美国的街边咖啡馆不多——恶劣的天气，条块分割的行政区划，以及卫生法令都抑制着它们的发展。但是有不少餐馆都临街营业，比如曼哈顿东北部和圣迭戈煤油灯街的那些餐馆。它们的兴旺说明人们的要求不只限于吃一顿饭。

于是，霍华德填补了这个空白。他把街边咖啡馆和手鼓咖啡屋合为一处，创建了星巴克。你能看到星巴克带动了多少个街边咖啡馆的兴起，比如俄勒冈州波特兰的拓荒者广场咖啡屋，这个咖啡屋坐落街边，类似菲利浦·约翰逊的“玻璃房子”，通体都由玻璃制成。

不过，要想赚钱，他还面临着一个困难。每杯咖啡都包含了好多人工，如果只定价 1.5 美元，那他怎么能赚到钱呢？

这个问题的答案是你不能只要 1.5 美元，价钱应该翻上不止一倍。

每杯咖啡 3.75 美元怎么样？

怎么能这么高？

你要认清两个原则：第一，你的服务不应只包含有价物品的交换。你必须要在服务中追加更多的东西——热情、交流、友谊、休闲、地位以及霍华德所创建的环境。人们会为了交流而花钱。

第二，星巴克强调社会地位的重要。美国人常常会把自己的社会地位和某些物品联系在一起——从赫米斯领带到大众汽车无不如此。社会科学家管这叫“社会地位的象征”，谁都能花一块钱买上一杯“乔牌”咖啡，但是谁能随随便便地花 3.75 美元?

有人能，因为咖啡已经变成了“社会地位的象征”。

“我是与众不同的。”星巴克的顾客花钱奢侈的时候会这么想——霍华德也知道他们会这样想。在这个日益复杂和拥挤的世界里，星巴克的杯子推销的可不只是一杯咖啡，它还在推销星巴克的主顾。

案例分析

交流和地位的需要同时得到了满足。霍华德把他的咖啡馆定位在了这个地方，然后他成功了。

点子

人们在四处奔走。过去我们在同一座城市频频会面，而现在，我们则使用微信、QQ、微博来记录和直播眼前发生的一切，无论是华盛顿纽约的最新消息还是北京上海的盛大聚会，抑或是两条街以外的动人一幕。住在同一座城市的人们也很少见面了。过去没有中心广场的城市现在也有“中心广场”，不过名字却变成大型的购物中心，真有一点讽刺的意味。这种变化为商家创造了机遇。新经济中的企业开始寻找各种途径为自己的客户创造一个新的环境，把客户召集起来召开研讨会、招待会，或者其他的借口。增进与客户的交往会使他们与你紧密相连。增进与客户的交往，拓宽他们的交际视野。

这些客户实际上在买什么?他们买的是交流的环境和体现社会地位的生活方式。即便是内向的人也需要同伴，人类发明了工作，就是为了让他们能够在一起。要抓住这类客户就是要为他们创造交流的平台和体现社会地位的生活方式。

8 爱占小便宜的客户

对象了解

爱占小便宜几乎可以算得上是人性的一个特点，每个人都希望吃到一次“不要钱的午餐”。在很多情形下，对想得到一点优惠、占点小便宜的心理进行深度透析，你会发现爱占小便宜这种心理更多的不是功利上的考虑，而是为那占到“小便宜”后喜悦轻快的好心情。此类顾客多半精打细算，小气短视，且不知足，但精明能干。通常对付此种顾客可先给予小礼物，且事先提高一些价格，让顾客有讨价还价的余地。

案例介绍

有一家卖电脑的商店，店里面除了电脑以外还陈列着各种各样的物品，有靠枕等各种小件家居用品，有咸蛋超人等各种儿童玩具，还有很多小工艺品、软件等，非常之多，使得店里面都显得拥挤杂乱，但这个店的生意却非常好。

当客户来购买电脑的时候，经过一番谈判，客户累了坐下来喝杯茶，会发现这里的茶味道非常好。等终于谈定了生意，顾客要走的时候，忍不住问店主用的是什么茶叶，这时店主就会送给客户一包茶叶。顾客意外地得到店主的馈赠，心里当然特别高兴。其实，店主早已经买好了很多茶叶存在店里。如果客户是带了孩子一起来的，那会引起孩子兴趣的东西就更多了，店主到时候可以送的东西也就更多了。但是，店主并不会主动送东西给客户，而是等着客户看中了店里的某一样东西提出要求时，店主才非常“慷慨”地送给客户。事实上，很多客户在购买了电脑之后都会因为奇怪店里面为什么摆放那么多东西而问店主，是不是可以送点什么给他。因为感觉自己和店主做了宗大生意，总是有点什么东西赠送的啊！店主正是利用人们这种想占点小便宜的心理，故意不说出是赠品，而在客户提出要求后装作是“慷慨”地送给客户。在这种情形下，客户反而觉得是自己占到了便宜。

案例分析

没搞过赠品活动的简直就是没有做过营销。许多客户得到赠品都觉得是理所当然了，因此没有得到额外好处的心理溢价感受。相反，案例中电脑店的店主不是直接搞赠品促销，而是故意摆放很多的小物件，让客户联想到店主可能会因为做了生意而送给他某样东西。当客户提出要求的时候，才把东西送给客户。这个时候，因为要求是客户主动提出来的，所以得到店主的慷慨应承，会有一种成就感，得到好处的感受油然而生。

点子

每个人都有贪小便宜的心理，赠品就是利用人类的这种心理进行推销。很少人会拒绝免费的东西，用赠品作敲门砖，既新鲜，又实用。

当代世界权威推销专家戈德曼博士强调，在面对面的推销中，说好第一句话是十分重要的。客户倾听开始的一句话时要比听后面的话认真得多。听完第一句话，许多顾客就不自觉地决定是尽快打发推销员走还是继续谈下去。因此，推销员要尽快抓住顾客的注意力，才能保证推销访问的顺利进行。

这种客户最大的特点就是买个东西一会儿嫌这个贵，一会儿嫌那个贵，还特别爱杀价。针对这类顾客，最佳的做法是跟他套交情。他一进门时你就热情地招呼上去，热情地赞美，并且要不失时机地提醒他占到了便宜。例如说送饮料时，可特别告诉他“别人只有七分满，你却倒了九分满”。不少的店主都不太喜欢这种小气型的顾客，通常的做法是，为了避免给他一根葱他再要一瓣蒜的情况，干脆什么好处都不给他，但这种做法却很容易得罪他们。最好的方法是，一开始就满足他，让他觉得自己占尽了便宜得到了好处，这样付账时他就会痛快些了。

“聪明的男人先让女人占尽小便宜，然后赢得了女人的心。”这句俏皮话企业不妨拿来参考，先让客户占尽小便宜，然后赢得客户的心。优惠打折，免费送货，赠品，附加服务，种种“小便宜”都可以让客户感到喜悦。值得强调的是，例行的公开可占的小便宜已经不能让客户感到欣喜。实际上，有些特色服务，我们虽然已有准备，但却大可不必公开，等客户开口提出要求以后再慷慨应承，这样效果反而会更明显。毕竟有三分小小的意外，才能收获那分占到“小便宜”后小小的窃喜。深度了解你的客户心态，你才能认识到他们的可爱之处，才能体会到营销艺术的巧妙所在。

记住：大智者若愚，该扮憨样时候扮憨样。

9 自主性强的客户

对象了解

自主性强的客户购物时不喜欢他人的介入，不容易受流行文化和广告宣传的影响，喜欢自主地分析产品的好坏。在购物场所中，自主性强的客户也不喜欢售货员带领和在旁边为他解释，而喜欢自己去寻找和了解。他们不喜欢太成熟的“傻瓜产品”（如傻瓜相机和傻瓜领带），而喜欢自己动手。

案例介绍

★案例一：

日本大阪有一家动手商店，规模可观，占地3000平方米。商店布局和柜台设置与众不同，走进店门，首先映入眼帘的是一条高悬的醒目横幅：“手——人生的第一工具”。该商店的经营宗旨是：教会人们更聪明地运用手这一重要工具，教会顾客更好地使用所购买的商品。

动手商店集销售商品、传授技术于一身。店内不仅有五光十色、琳琅满目的各种商品任顾客选购，还教给顾客使用商品的方法。但是，商店奉行一个原则，即顾客不问则不打扰顾客，任其自己打理。商店在每一种商品旁都有一个专门的工作人员做示范表演，教会顾客使用所购商品。顾客可以从这里学习，也可以自己去研究，如果自己摸不透就来这里请教。

此外，为满足顾客进一步学习的要求，商店还有各类专业的培训班，如手工制作、编结针织、洗染工艺、摄影、盆栽、服装裁剪、皮革加工、烹调技术等，销售什么样的商品，就有什么样的培训班。

顾客们一般先是自己琢磨，如果搞不清楚，则向示范的工作人员请教，对于较复杂的商品还可以进一步参加商店提供的专业培训班。在这里购物的顾客感到购物时非常轻松和自由，而且自己动手可以增长技能，还可以和其他顾客和店员讨论产品的优劣，提出改进的意见，充分表达自己的想法，因而该店非常受欢迎，尤其是中产阶层人士。

★案例二：

美国旧金山的一家奶酪店，由于所在街区奶酪店过多，生意清淡。店主绞尽脑汁，终于想出一个新的经营方式。他规定顾客购买奶酪可以按所报的需要量自己切割。切割下的奶酪若比所报的需要量少的，可以补足；若切割下的奶酪多于所需要的量，超过量在盎司范围内的，作为免费赠送。奶酪店此举，不仅满足了顾客求新的心理，更符合青少年喜欢自己动手的特性，甚至有的青少年来店不是为了吃，而是比赛刀功，看谁切得准。奶酪店因此销量大增，生意兴隆。

案例分析

在提倡完美服务的今天，针对自主性强的客户却例外地提出自己动手，可谓是服务理念上的挑战。然而，这种模式却取得了成功。因为自主性强的客户和一般人恰恰相反，他们讨厌依赖心理，喜欢自己处理自己的事情，而且将“自己的事情”定性得比一般人宽。他们认为太周到的服务是对他们自由和主见的一种束缚。别出心裁的经营“点子”是聪明的经销者掌握主客观情况“审时度势”而采取及时、恰当的处置方法的一种才能。案例一中日本大阪的动手商店的点子把握住自主性强的客户的性格特征，要求自己动手，强调顾客的自主性，形成购物的吸引力。动无常势，行动没有固定不变的态势，营销亦然，服务亦然。案例二中奶酪店并没有以什么作为牺牲，只是改变了一下经营方式，就吸引了大批的人前来，原因就在于它抓住了人们的好奇心和总想动手试一试的心理。

点子

这类客户具有直截了当和迅速完成任务的能力，并且十分固执，对别人漠不关心。因此，销售人员应做到：拥护其目标和目的；保持关心和井然有序的作风；如果不同意这类客户的观点，应以客观事实为主，不要掺入个人的好恶；为了影响其决定，可向他提供各种可选择的行动及可能性；做到精确、有效，并严格遵守时间，有条理。在向他们推销的时候要有计划有准备，也要中肯；会谈时要迅速点明主旨，击中要点，保持其条理性；研究他们的目标和目的，想要达到什么状况，目前情况如何，希望如何变化；提出解决办法，要明确说明与其目标特别有关的好处与结果；成交要提供两三种方案供其选择；销售后，应证实所提供的建议确实实现了预期的利润。

在面对此种类型的客户的时候，要懂得给他们提供选择的自由，清楚说明他们达到目标的可能性，他们喜欢被人羡慕，并且要做到对他们的成就表达出充分的肯定；同时还要做到坚持事实观点，通过谈论期望的结果和讨论他们关心的事情，引出他们的话题。他们重视任务的程度要比重视关系的程度大得多。所以，与感情相比，他们更加注意任务的完成。

影响客户购买的因素有其所处的社会地位，购买力水平，客户的性格、气质，客户的家庭结构，还有客户所处的社会文化范畴。自主性强的客户主要是有较高文化、接触了较先进生活理念的中产阶层，他们主张 DIY 的生活方式，讨厌用钱了结所有个人事物的庸俗生活态度。针对这类客户，最好的方式就是迎合他们的生活观念，提倡 DIY 的主流生活方式。

记住：抓住客户的心，把客户的大脑还给客户。

10 豪放不羁的客户

对象了解

这类客户区别于喜欢标榜自己的个性的叛逆的客户，他们只需要少量的象征性事物来装扮自己，不强调“形于外”而更强调“藏于内”的精神内涵。他们行事风格豪放，不被传统的社会规则所束缚。他们经济独立，因而他们对这种传统的叛逆具有硬性气质，能够坚持。在背离传统规则时，有自己稳定的人生观和生活价值观。

案例介绍

抽烟的人都知道“万宝路”，不抽烟的人大多也知道“万宝路”。“万宝路”完全可以说是香烟世界的第一品牌。它名声如此之大，实际上已经变成美国文化的一部分，以至于有人说：“如果一个人想要美国化，他只需抽万宝路，穿牛仔衣，喝可口可乐就可以了。”

“万宝路”的发迹史是一部最富戏剧性也最能给人启迪的企业神话。它的几度浮沉给在商海游弋的有心人以多方面的启示。

“万宝路”最初是以一种女性香烟出现的。“MARLBORO”其实是“Man Always Remember Love Because Of Romantic Only”的缩写，意为“男人们总是忘不了女人的爱，因为爱总是浪漫的”。其广告口号是“像五月的天气一样温和”，用意在于争当女性烟民的“红颜知己”。为了表示对女烟民的关怀，莫里斯公司把“MARLBORO”香烟的烟嘴染成红色，期望爱靓的女士为这种无微不至的关怀所感动，从而打开销路。

然而几个星期过去了，几个月过去了，几年过去了，莫里斯心中期待的销售热潮始终没有出现。

“万宝路”从1924年问世，一直到20世纪50年代，始终默默无闻。最主要的原因是其明显的市场定向使广大男性烟民望而却步。这样的广告定位虽然突出了品牌个性，但同时为其未来的发展设置了障碍，导致它消费者范围难以扩大；而女性对烟的嗜好远不及对其他商品的热情，对香烟的需求也较男性烟民节制得多。所以，“万宝路”始终火不起来就不足为怪了。

抱着不甘的心情，菲利普·莫里斯公司开始考虑重塑形象，公司派专人去请利奥伯内特广告公司来为万宝路做广告策划，以期打出万宝路的名气和销路。“让我们忘掉那个脂粉香艳的女子香烟，重新创造一个富有男子汉气概的举世闻名的‘万宝路’香烟。”利奥伯内特广告公司的创始人对一筹莫展的求援者说。一个崭新而大胆的改造万宝路香烟形象的计划产生了。

产品品质不变，包装采用当时首创的平开式盒盖技术，并将名称的标准字（MARLBORO）尖角化，使之更富有男性的刚强，并以红色作为外盒的主要色彩。

广告的重大变化是：“万宝路”的广告不再以妇女为主要对象，而是用硬铮铮的男子汉。在广告中强调“万宝路”的男子气概，吸引了所有追求这种气概的顾客。

菲利普公司曾经用过马车夫、潜水员、农夫等作为具有男子汉气概的广告形象，但最后，这个理想中的男子汉还是集中到美国牛仔这个形象上：一个目光深沉、皮肤粗糙，浑身散发着粗犷、豪气的英雄男子汉，在广告中袖管高高卷起，露出多毛的手臂，手指总是夹着一支烟气冉冉上升的“万宝路”香烟。

这个洗尽铅华的广告，于1954年问世，它给“万宝路”带来巨大财富。仅1954—1955年一年间，“万宝路”的销售量就提高了3倍，一跃成为全美第十大香烟品牌。到1968年，其市场占有率上升到全美同行的第二位。

“他上马的姿势、骑马的神态、遛马的手式，这一切必须具有男子汉气魄”。这就是利奥伯内特使菲利普·莫里斯公司名噪全球的有力武器——“绝不矫饰的正直的男子汉气魄”。

菲利普公司投入千百亿美元的广告费，终于在人们心目中树起“哪儿有男子汉，哪里就有万宝路”的名牌形象。那粗犷豪放、自由自在、纵横驰骋、浑身是劲、四海为家、无拘无束的牛仔代表了在美国开拓事业中不屈不挠的男子汉精神，而这也正是“万宝路”的形象。

现在“万宝路”每年在世界上销售香烟3000亿支，5000架波音707飞机才能装完，世界上每抽掉四支烟，其中就有一支是“万宝路”。

案例分析

关于广告，英国当代营销学大师韦勒曾经讲过一句名言：“不吆喝牛排，吆喝烤牛排的‘嗞嗞’声。”

广告最成功的就是塑造文化。万宝路就塑造了一种美国文化，取得了巨大的成功。广告不能凭空塑造出文化来，广告塑造的文化其实早已经蕴藏于社会生活之中，只是没有被总结出来，是一个雏形，广告就是把这些元素提炼出来，总结成果，凝成结晶，宣传成为具象的旗帜性的理念和模式，便于其传播，深化其影响。

韦勒认为，广告如果仅仅是将产品详细地介绍给消费者，那样的广告是不能深入人心的。广告应该赋予商品一种生动、美好的形象，要努力地为商品塑造一种特别的形象，并为之创造出一种相伴而来的独一无二的乐趣，使消费者在购买时仿佛也买到了这种乐趣，向往这种乐趣。

人们把韦勒的这些理念概括成营销学上的“韦勒原则”。

“万宝路”香烟可以说是韦勒原则的最典型的体现。“万宝路”通过各种各样的广告，努力塑造出一个自由自在、豪放不羁的“万宝路的世界”，使困于世俗尘嚣中的芸芸众生极度向往。享受“万宝路”香烟，就相当于进入到了这个奇妙的“万宝路世界”，从而激发了人们对这种商品的兴趣。

韦勒原则在西方已经得到普遍的认可，现代西方的广告，已经很少对商品性能直接吆喝了。遗憾的是，我们的厂家和商家直至现在，似乎对这个韦勒原则还知之甚少，做广告时仍然摆脱不了对产品性能的吆喝，却忽略了树立自已的品牌。

点子

影响这类客户的营销因素偏重于结合社会因素和文化因素，要深入考查其职业性格特征和所处社会地位对他们的影响。因为正是这些因素使得他们的豪放不羁能够稳固根植于社会生活中，不被冲刷掉。了解了这些因素，企业就要创造出一种以这些动力为源泉的生活文化，塑造成一个非常典型的性格形象。

11　注重情感参与的客户

对象了解

注重情感参与的客户性格上一般比较随和，比较感性。他们认为过于商业化的经营运作是低俗的，无论是在广告还是在产品设计和服务上都应该体现人文关怀。企业所提供的如果只是简简单单的商品对他们是没有竞争力的，企业必须赋予它的产品和服务一种人文上的意义，引导注重情感参与的客户把他们的情感参与进来。

案例介绍

汽车检修是厚利行业。车辆紧急维修“急诊费”高，例行车检、二级保修是“坐地生财”。但是，没有人上门就是另外一回事了。不论你的设备多么好，服务多么棒。

爱克汽车维修公司在创业之初，饱尝门庭冷落的酸苦。他们尝试过“回扣开路”，考虑过“广告轰炸”，都没有取得预期的效果。

面对艰难的营业状况，他们首先分析一个问题：业务来源由谁说了算？答案不外乎两个：一是司机和交警，一是公安局和保险公司。

怎样开发这两类客户呢？由于生意刚刚开张，没有知名度，要打入公安局和保险公司是不太可能的。那么便首先要从司机、交警着手，让他们知道爱克、了解爱克、支持爱克。

谁都知道司机常年早出晚归，让家人牵肠挂肚；交警常年在外执勤，冬寒夏热，栉风沐雨，辛苦程度也不亚于司机。于是，一则启事见报了：爱克公司报纸中缝，专为司机、交警开辟“礼仪点歌”专栏。本地司机、交警以及家属，都可以到爱克公司预约，为亲人点歌，送出各类祝福，费用由爱克公司支付。第一期为时半月，欲订从速。

一时间爱克公司的名字在司机、交警中迅速传扬开来，预约电话不断，爱克公司还在让客人填写“祝福语登记表”时，也让他们填写“车况档案表”，归类存档，及时与车主联系保养和维修，业务电话后来也“不请自来”。爱克公司珍惜每次业务机会，维修过硬、价格公道、服务及时、说话算数，声名鹊起。

案例分析

既然有条件赢得客户的心，当然就有机会赢得客户了。情感营销的难处在于企业是否能了解到客户的情感需求，所谓要“正中下怀”。爱克公司在报上的启事正是抓住了司机和交警在情感上的一根“软肋”，因而在他们中间引起情感上的共鸣。同时，还有重要的一点就是企业要将这种好不容易引起的共鸣引入到宣传和销售工作中去。爱克公司就很好地抓住了这一来之不易的契机，在让客人填写“祝福语登记表”时，也让他们填写“车况档案表”，归类存档。到了这个程度，客户当然是不请自来了。

点子

情感营销在当今已经不是个新鲜的理念了，然而真正做到提供人性化服务，能够和自己的客户打成一片，成为“朋友”的并不多。其实，并不是所有的客户都适于对其展开情感式的营销，有些客户只是单纯的消费，并不想掺杂任何的情感因素在里面，甚至认为企业进行的情感投资也只是给他们设的一个陷阱或扔出的一个诱饵。要成功运用情感营销，首先是要通过市场调查摸清客户的情感需求，做到“正中客户下怀”；其次就是将企业要传达给客户的信息自然而然地加入到这种对客户的关怀行为中去，要不露痕迹，使客户对你的作为不起疑心。所谓“情感营销”，营销无法量化的感性元素，当然是非常艺术的一门学问。

记住：要说服客户，就要言之以理，晓之以利，动之以情。

12　求新求异，喜欢另类探险的客户

对象了解

以年轻人和经济条件充裕而且有空闲时间的人群为主，喜欢旅游，有探险精神。追求新奇怪异，品位独特。

案例介绍

灿烂的阳光下，俄罗斯“米尔”号训练舰艇赶在哥伦布纪念日划艇比赛之前，大模大样地驶入纽约港。甲板上的实习生们一脸得意的神情，因为他们刚刚以同型舰中最快的速度完成了横渡大西洋的航行。

然而，令人奇怪的是，那些威风的水兵中间还夹杂着一些穿得花花绿绿的平民，原来，这些人是参加这次被称为“改革者航行”的各国游客。舰上的生活设施简陋，食宿条件亦不算好，游客只能和水兵在一个食堂就餐。酒是绝对禁止的，只有在结束时的告别宴会上，舰长才破例允许游客喝几口酒。游客们 12 人睡在一个舱内，按舰上的作息时间起床和熄灯。有些游客经常帮水兵做甲板上的清洁工作。参加这种航行的游客大多是年轻人，他们乘军舰的目的纯粹是为了满足好奇心。令人意外的是，在这些参加“军事冒险活动”的游客中，女性竟占了三分之一。

乘坐训练舰涉海旅游的新招，博得了旅游界的赞赏。人们过惯了舒适的现代生活，便开始向往“冒险式旅行”，渴望尝试在正常情况下不可能体验到的奇特经历，军方对此也感到满意。“米尔”号舰长说：“‘米尔’号舰艇几年后就会

锈蚀报废，用军舰搞旅游，既可以赚取外汇又可保养军舰，可谓一举两得。”

案例分析

情感对象是情感主体活动的受体，包括人、物、环境。它们的不同特性及变化，也决定了情感方式的内容和变化。正如“米尔”号舰艇用于搞旅游观光，那些威风的水兵与各国游客在一起参加“改革者航行”产生一种“奇特经历”，实际上这是用一种手段来满足游客情感需要，在很大程度上决定了情感方式的性质和功效。现今，有很多工业旅游、农业旅游、影视旅游、奥运旅游，还有什么“航空母舰上的餐厅”，这些都是让参与者，让求新求异喜欢另类探险的客户产生一种“奇特经历”，实现他们的心理追求。

点子

现代社会是繁华多样的，娱乐项目众多，然而同时又是娱乐缺失的时代，许多人为了打破平淡的生活，追求一种超越世俗娱乐的乐趣，他们寻求新奇、另类、极限的，既反传统又反流行的娱乐元素。企业的任务便是发掘这些元素，人为地制造出“奇特的经历”。因此，企业营销人员要培养自己的想象力，与发展思维能力结合起来，特别是要注意发展自己形象思维的能力，密切关注当下人们的内心关注点并及时捕捉商机。

13 图个彩头的客户

对象了解

中国有几千万“彩民”，由此可以见得为了图个彩头而决定购买的客户群体有多大。图个彩头的客户是指在有奖销售和普通销售中，乐意选择有奖销售的客户。人普遍有侥幸心理，虽然有奖销售已经是促销的老把式了，人们也对有奖销售表现出淡漠，但其效果却还是显现出老把式“宝刀未老”。随着人们消费心理的成熟，侥幸心理隐藏得更好了，但那种心理暗示的作用却从未消失。

案例介绍

很多商店都有一种投币进去控制机器抓取里面的物品的，抓取到的物品便归玩这个游戏的客人所有，但这种机器除了这种功能以外，还有一家商店给它挖掘出了另外一种功能，一种促销的功能。

这家商店的办法是：本来这种机器玩的时候每次都要投入一元硬币才有一次玩的机会，而且抓中物品的概率很小，里面放置的物品也多半是一些不太值钱的商品。但是这家商店门口的机器不需要投币就可以玩，而且里面放了很多价值不菲的商品，不过免费玩一次有一个条件。这个条件就是：如果客人抓起了里面的商品，那么客人可以带走这件商品，不需要再付出任何代价；如果客人没有抓住任何商品，那么客人就要在商店买一样商品，任何商品都可以，不过失败一次就要买一件，如果客人试了几次都没有抓到，那就要购买几件商品。

很多顾客如果有要购买商品的需要，那么就会立马想到这家商店，因为可以去试一下运气，也许可以免费获得不错的奖品，而且就算得不到奖品，东西反正也是要买的。在这种情况下，很多顾客就会选择这家商店购物，而不会去别的商店。甚至有些顾客为了中一次奖、为了得到一个喜爱的奖品而玩了很多次的游戏，最后买走了一大堆商品。

案例分析

这种奇特的博彩是众人所未闻的，都乐意一试，免费有一次博彩的机会，当然不容错过，如果没有中奖而要买一些商品也是物有所值，而且很多情况下本来就是有那样的需要。这一促销妙在设计，妙在客户心甘情愿，不觉得花费了代价。对商店而言，则是以微小的博彩成本换来了大量的顾客。

点子

很简单，客户图个彩头，你就把彩头扔出去。有奖销售简单有效，基于原始的人性因素诱惑力无法抗拒。在竞争中，关键是如何设置有奖销售的游戏规则。“乐事”在这一方面做得很有创意，那就是强强联合，奖项包括盛大网络的游戏点卡和肯德基的优惠金券。这既是有奖销售，又是联合促销。

14 青春浪漫的客户

对象了解

青春浪漫型的客户工作上没有太大的压力，生活轻松，人生态度积极向上，向往自由。他们在生活中，追求一种青春浪漫的情调，渴望一种单纯的情怀。针对这类客户的广告应该以情感诉求为重点，渲染青春浪漫的生活追求。青春浪漫的客户相信在强制的社会规则之下，在物质环境的制约之下，依然有很多美好的、有诗意的东西更值得追求，是现代都市生活里的婉约派。

案例介绍

在早期，上海制造本身可以说是一个名牌，很多人购物时如果看到是上海制造，就产生信任感，让为是一件质量值得信赖的好产品。上海日用品更是优质货的象征，深受全国各地人民的喜爱。

上海制皂有限公司是我国著名大型皂类生产企业之一。1996 年公司倾力推出“白丽牛奶润肤皂”，以期占领高档香皂的一席之地。

如何使它在众多香皂品牌中脱颖而出呢？营销人员为此展开了工作。

他们首先进行了市场调查。调查中发现，现今社会，香皂已经逐渐退出沐浴领域，但大多数人依然选择用香皂来洗手。

于是，他们决定以手作为营销的突破点，围绕牛奶香皂对女性双手的特别保护功能做文章，重点突破，启动市场。

他们选择成都这个消费城市作为市场的启动点。

经过精心策划，一场“寻手”活动终于展开了。这是一个以“寻手”为象征意义的、以情感诉求为重点的广告策划活动。

某一天，蓉城的几大报纸上同时出现了这样的广告：

广告的标题是“那手，让我魂牵梦萦”。正文用婉约的语气写成，大意是说：几年前的某一天，我正给上初三的小东做家教。小东突然病了，我急忙背起他冒着暴雨往医院赶，突然，一把花雨伞替我们挡住了暴雨，把我们送到了医院。我无暇他顾，只记得那双手，它肤色如雪，纤细修长，温婉如玉，淡淡地散发着一缕令人难忘的清香，让我久久不能忘怀，这双手究竟是谁的呢？

再过了几天，第二则广告接着出现了。

这次的广告标题是“众里寻她千百度”。正文中写道：从此，我开始了漫长的寻找那双手的历程，但一直没找到。我带着遗憾回到老家上海，在上海制皂公司从事产品研制。凭着对那双手的淡淡的牛奶清香的记忆，历经了千百次的实验，我终于把它复制出来。它，就是白丽牛奶香皂。我依靠这种香皂找回了那双手的淡淡的牛奶清香，仿佛又让我看到了那双肤色如雪、纤细修长、温婉如玉的手，填补了我此生的遗憾。

又过了几天，第三则广告又出现了。

这次广告的标题是“是梦，总有圆的时候”。广告中写道：今天，我又回到了成都，带着我的心爱之作，重新寻找那永生难忘的记忆。小东说，也许我今生今世都找不到那双手了，但我仍未放弃最后的努力，我相信，奇迹总会出现。即使真的找不到那双手，我也要把“白丽”献给成都所有的善良、温馨、美丽的女性，让她们都有一双令人难忘的手。虽然逝去的美丽无法重现，但我却要许下诺言，要让美丽，要让那双肤色如雪、纤细修长、温婉如玉之手成为善良、温馨、美丽的成都女性的又一道风景。

这几则广告以富有感情色彩的文字写成，旁边都配上一双纤细修长、温婉如玉的美手。

几天以后的第四则广告点出了活动的主题：

“为了寻找那双难忘的手，上海制皂公司将于 6 月 8 日在新华公园举办‘白丽浪漫之夏趣味游园活动’，热忱回报善良美丽的蓉城女士。为此，如果你有一双美丽的手，请你来参与‘白丽美手趣味评比活动’。姓名中有‘白丽’的女士注意：千万别错过蓉城‘白丽’女士大聚会，看看你周围有多少位‘白丽’。你会有一份意外的惊喜。”

就在一切准备停当、一场别开生面的美手比赛活动就要举办之际，突如其来的大雨却把计划打乱了，工作人员不得不宣布取消活动，延期到下一个周六举行。

正当他们冒雨撤离的时候，发现一位赶来参加活动的姑娘，见到活动取消，撑着花雨伞怅然而去。

这一幕，又给营销人员以新的灵感，于是，预算之外的第五则广告“迟到之约”又出来了：

广告词这样写道：还是那场雨，推迟了我和那位成都姑娘见面的佳期。等我冒着大雨从机场赶到新华公园时，她已经撑着花雨伞怅然而去，真是红尘多捉弄，有多少爱可以重来呢？让我们重新约定吧！6月14日星期六，我会在老地方等你，不见不散。

广告刊出后，失望的人们又重新燃起了参与的浓厚热情。6月14日那天，近两百名蓉城俊俏女士参加了美手评比，最后，10位俏佳丽的10双美手在观众的喝彩声中产生了。同时，有14位名叫“白丽”的女士也来登台亮相，场下掌声、欢笑声不绝于耳，把活动推到了高潮，给人留下了难忘的印象。

“白丽”的这一次浪漫之夏推广活动历时整整一个月，所有费用仅40万元，却取得了轰动效果，它在成都的知名度一下子就打响了，随后进行的商场促销更取得了不俗成绩。

案例分析

有道是：市场是培育出来的。

要无中生有地培育出一个市场，最重要的事是向人们灌输你所倡导的消费观念。我们中国人讨厌说教，却非常的有人情味，非常的热情，如此浪漫的“寻手”活动当然是要参加的。

这样新颖别致的营销方式，使顾客产生一种对美的向往和对故事的一种淡淡的感伤，强化了顾客的参与意识。其实，“寻手”是假，吸引人们的注意才是真。

人们被吸引过来了，“白丽”就使出密集性市场营销策略，通过密集商场促销和富有成效的现场公关活动，使企业和产品迅速亮相，从而快速打开了市场销路。

商场是千变万化的，搞营销也要不断地改变自己的思维方式。跳出原来的框框，就会发现，原来天地竟然还那么宽广。

点子

这个“寻手”活动之所以获得成功，一是具有主观和客观的条件。主观的条件是：组织者紧紧抓住了人们的心态。客观的条件是：中国人的婉约情调是有传统的，婉约一度是中国的一种文学风格。二是充分地利用天气突变情况来加强宣传印象，让意外的困难为自己的营销服务。

抓住了人心，也就成功了一半。任何的商品，只要你能迎合消费者的需要和欣赏心理，就会掀起购买狂潮。千方百计地发掘消费者的消费心理，认真研究消费者的消费需求，发现它、满足它，你就可以大获其利。

15　爱凑热闹的客户

对象了解

爱凑热闹是人性显著特征之一，余秋雨先生更是强调国人爱凑热闹实在是传统习惯之一。爱凑热闹的客户看哪里生意旺就往哪里挤，不做生意也要看个热闹。通常而言，爱凑热闹的客户追随流行文化，属于从众购买类型。

案例介绍

有经验的餐饮经营专家都明白一个简单而又放之四海皆准的道理：餐饮经营也存在“马太效应”，即生意越好的酒店越能吸引顾客，顾客们宁可成群结队、忍受排队候位之苦也要挤进来；要想达成这样的效果，除了地理位置、广告促销、菜肴特色、价格策略等这些常规手段外，适当地运用心理学技巧也能收到意想不到的绝好效果。

有一家烤鸭店，通过人为制造“客满”效应，适当地婉拒顾客，从而树立起生意兴隆的形象的做法，就歪打正着，踩在了点子上。

在这家烤鸭店，顾客们前来就餐时，经常遭到委婉的拒绝，老板总是满带歉意地说：“对不起，现已客满，请改日早点来。”环顾店内，确实座无虚席。

被拒绝在店外的顾客，以羡慕的眼光望着店内的情形，而店内的客人则为自己的幸运而颇感自豪。人们离去时都在想同一个问题：下次一定早点来，不品尝一下这里的烤鸭决不罢休。更重要的是，被拒绝的、没有拒绝的顾客都会得到一个强烈的印象：这家饭店的生意实在是太好了，好得不得了！

人们在消费选择时都有强烈的从众心理，喜欢往人多的地方凑热闹，以为这些东西既然有这么多人光顾，一定也不会亏了自己。久而久之，人们一谈到这家烤鸭店时，都会异口同声地说，“要吃就得早点去！”吸引这类客户，此处用的就是饥饿营销的手法。

案例分析

从马斯洛需求层次理论的五种人的需求来看，人们有进行社交的基本需求，社交也就必定是加入人群之中，因而人为了实现社交的心理需求，也就会喜欢凑热闹。另外，从心理学的角度来说，一禁三分奇，人们对于被禁止的事物往往更容易产生好奇心，非设法冒犯不可。通过适当的接待技巧，营造出人为的兴隆迹象，让市场产生饥饿感，比起一拥而上的“打折降价”效果要好得多。

点子

针对爱凑热闹的客户，最有效的方法就是炒作。“炒作”这条汇集人气的方法可谓百试不爽。广告有句行话：被骂不最差，最差没人骂。在商场之上，人气至关重要，没有人关注就等于做死了。“炒作”的目的就是为了积累人气，引起关注，对企业来讲，“批评”只是个中性词，批评就是关注，没有感情色彩，爱凑热闹的客户就是喜欢扎堆，喜欢从众，带有盲目性。企业的任务就是制造热闹，引导这类客户。新奇的另类的，鸡毛蒜皮的，重大的，美丽的，小丑的，都可以拿出来吸引人们的眼球。

话说回来，大众文化是通俗文化，大众兴趣有时候甚至是庸俗的，企业可以用各种手段“作秀”“炒作”，但从长远看企业有所为，有所不为，以维护企业形象，保持健康发展。

16　有逆反心理的客户

对象了解

有逆反心理的人群主要是青少年和富有的闲人，他们出于种种教育和社会生活的原因，具有愤世或厌世情绪，毅然反常规行事。逆反心理也可以分为非理性极端逆反心理和半理性适度逆反心理，非理性极端逆反心理的人主要是尚处于父母监护下的未成年人，他们讨厌顺从，对现有的生活状态极端不满，处处违背他人的意愿行事；半理性适度逆反心理的人则是以已经经济独立的青年人和富有闲人为主，他们反对流俗，反对现时的生活追求，他们一方面顺从地工作，另一方面做和常人相反的生活选择。

案例介绍

★案例一：

旅游“黄金周”前期，全国各地的旅游景点为了吸引游客，都开展了很多宣传活动。其中很多景点的宣传都是用巨幅画面展示景点的美感，有瀑布、湖泊、宝塔、月牙桥，也有落日、满山的红了的枫叶、沙滩、海港等。

有一个景点的宣传却做得很特别，他们用的是卡通人物，一个非常可爱的身穿中世纪欧洲风格衣裳的小女孩子正在一片黄了叶子的杏树林里荡秋千，秋千上爬满了牵牛花和常青藤，天空却下着细雪，树林的背后，一座古城堡若隐若现。

这幅宣传画在众多的实景宣传画展中显得特别突出，吸引了很多人的眼球，人们都在心里猜测这究竟是哪个旅游景点的宣传画，很多人禁不住好奇还特意去询问工作人员这是哪个旅游景点。本来一幅看来不明其意的宣传画，因为其童话般的美感吸引了人们的特别注意，更勾起人们的猜测，最后转向宣传的主题，即这是哪一个景点意境的写照。在这个宣传活动中，很多人都是准备带着孩子进行家庭旅游的，因此很多人都带了孩子来看宣传活动。因为孩子对卡通特有的注意力和喜爱情感，这幅宣传画更是成为孩子关注的对象，进而由孩子影响了家庭旅游景点的选择。

★案例二：

西安有一家小吃店，小吃店的东隔壁是一家星级酒店，西隔壁是一家“小肥羊”。夹在两个“大象”之间，小吃店还没开张就存在着地理位置上和名气上的逆向挑战。

如果正面出击，同两个“大象”竞争，一定吃力不讨好。因为和它们相比，实力对比太悬殊了。

既然如此，不如死马当活马医，来个反其道而行之。小吃店给自己起了个憨厚而又风趣的名字：“隔壁好小吃店”。看到这个绝无仅有的名字，人们往东、西两边一看，两边门面档次高，食品档次高，而这小店怪寒碜地夹在中间，使人们顿觉这店名朴实、可亲。正是这个可亲可爱的名字对顾客产生了极大的吸引力。

这小吃店卖的是凉粉、凉皮、稀饭等大众小吃，物美价廉，吃的人无不道好。人们走出店堂往往都会不约而同地说：“隔壁确实好，这里也不差！”

案例分析

宣传的忌讳就是雷同，和别人的没有差异就等于没有给自己宣传，因为这样无法在宣传对象心中留下其特有形象。在旅游景点的宣传中，人们看惯各种各样的风景画，甚至人们早就在各种风景年历上看过了，一点新鲜感都没有，意识中也不会留下丝毫的新记忆，因而宣传效果是极差的。相反，如果不宣传风景，而以人物作为画面的主题，以人物的活动作为宣传的标的，那么就触发了人们逆反的一种心理，马上被这种看似荒唐的行为所吸引。这既是由于反衬的效果，也是人们追求新奇的逆反心理活动的结果。同样，在案例二中，靠着知己知彼谋略，“隔壁好小吃店”出了名、发了财，也是利用逆反心理的一种营销方式。一般的商家都会为自己取一个夸耀自己的名字，小吃店却取了一个夸耀竞争对手的名字，逆反的效果就出来了。

点子

这类客户和叛逆的客户有所区别，这类客户朝着一个反常规甚至是逆潮流的方向走，他们朝向的方面并不是原本自己喜欢的方向，而是因为在逆反中找到暂时快意。而叛逆和逆反不同，叛逆是探求一种新的生活方式，打破束缚做自己喜欢做的事。叛逆更像一种性格，逆反则更像一种情绪。因此，要抓住逆反的客户就是要抓住情绪，而情绪总是暂时的，经营情绪是危险的，因而经营这类客户必须要抓住并培养情感，让他们喜欢上企业为他们创造的生活方式。

17　讨喜的客户

对象了解

讨喜的客户，即喜欢讨个喜庆的说法，讨个吉利。中国人普遍有讨喜心理，一句喜庆的吉利话就是一个美好的祝愿。

案例介绍

在深圳闹市中心区的某大厦内，有一家由江苏镇江、香港地区、深圳三方合资兴办的香江酒楼。凡光临此店的顾客都会不约而同地点名要尝“抱财鸡”。

这“抱财鸡”原名叫“柴把鸡”，是镇江的一道名菜，肉味香嫩可口，汤鲜羹美，营养丰富。但“柴把鸡”这个菜名不易被人接受，还易引起误解，“柴禾把杆鸡”，望文生义还会好吃吗？顾客见了自然引不起食欲。店主人深知广东人和港澳同胞都喜欢吉祥的词句，讲究生财之道的心理，于是灵机一动，投其所好，把“柴把鸡”改成“抱财鸡”。这一改真可谓“点柴为财”，顾客纷纷点名要吃“抱财鸡”，一位香港客人说：“吃一只大的抱财鸡，讨个万事如意，发财致喜吉利。”

无独有偶，深圳出了个“抱财”的鸡，在上海还有个“稳得福”的鸭。上海有一家名叫“稳得福”的烤鸭店，取音英语“wonderful”，意为“妙极了”，该店选用上海种北京填鸭，采用广东传统方法精心烤制，又兼收京帮优点，烤出的鸭皮色金黄透亮，肥而不腻，肉味鲜嫩，吃了烤鸭“稳得福”，自然好极了。结果，与“抱财鸡”一样，“稳得福”烤鸭利用顾客的心理，叩开了顾客的心扉。开业不久，便遐迩闻名，顾客盈门，每天出售烤鸭上千只，许多饭店、宾馆还与该店约定，由该店固定供应宴席烤鸭。

不少地方的宾馆饭店也竞相模仿。武昌也有一家名叫“稳得福”的饭店，既卖“抱财鸡”，又卖“稳得福”烤鸭。虽然这家饭店的店门不在街面上，但开业不久，便生意兴隆。

案例分析

其实每一个人都喜欢听好话，关键是这好话要怎样说才恰如其分。如果不是“抱财鸡”和店里的鸡本名“柴把鸡”近音、近意，体现出一种巧妙，肯定是收不到这么好的效果的。这讨喜的“讨法”要有“点柴成财”的巧妙，而不是一味在奉承客户。

点子

顾客有讨喜心理，喜欢听好话，商家迎合这种心理，便说好话给顾客听。这种迎合是要适当才能取得效果的，不仅仅是说好话，更重要的是把好话说得漂亮。现在给菜肴取个喜庆名字这个方法已经被商家做滥了，有些地方名声都搞臭了。言过其实，除了个好听的名字外一无是处，欺骗了客户的感情，使客户对商家失去了信任感。利用讨喜心理欺瞒消费者，就好像利用“迷信”欺骗群众，当然会好景不长。讨喜的途径是多种多样的，可以在菜名上动脑筋，也可以在店名、包厢名、套餐名以及各种促销活动中下功夫，关键是要名至实归，顾客只有在对产品和服务满意的前提下，才会对这种锦上添花的喜庆，专利名称喝彩，否则就要喝倒彩了。

18　需要被重视的客户

对象了解

马斯洛需求层次理论认为，人在满足了生存等基本需求之后，还有被尊重和社交以及自我实现的更高层次的需求。在社会中，每一个人都希望自己能够获得他人的尊重。同样地，客户也希望获得商家的尊重。我们谈到需要被重视的客户，这里的“重视”是比“尊重”色彩要更为强烈的词语，即在交往中必要的尊重之外，商家还可以做一些特别的事来表示对客户例外的重视。在这种情况下，这类客户会有一种被人“抬举”的感觉，转而便会回报商家，也来“抬举”商家，为商家唱高调。

案例介绍

前些年的北京居民感觉不到雾霾天，但是空气干燥、风沙弥漫一直困扰着北京乃至整个华北地区。室内空气除霾让千家万户都熟悉了亚都，其实亚都以前就是生产加湿器的一家老企业。当年亚都加湿器在北京市场卖得极为红火，但令他们百思不得其解的是，与北京相距仅 100 多公里、气候和环境条件都相差不大的天津却销售不动。尽管京津相邻，但是天津市场上的反响往往要比北京慢个半拍。要想跟上这个半拍，广告营销的催化作用不可忽视。

亚都公司从北京的火爆市场行情来推测，确信天津也是个很有潜力的大市场。所以，他们决定着力开发这个市场。亚都公司遍请北京的营销高手，为他们献计献策。经过几天的工作，专家们给他们做出了一个“亚都有偿请教”的营销活动企划方案。

广告以提问的方式请教天津市民。首先，广告强调产品在功能和质量上的优势和目前良好的市场销售状况："亚都加湿器的特殊功能满足了现代生活的新需求，亚都加湿器的销售额已占小家电的 38%，亚都加湿器的热销被商业部长称为亚都现象，并被国内各大新闻媒体重点报道。"然后，是一个转折——总之，尽管亚都加湿器热销已成定势，可奇怪的是在天津的销售情况却不尽理想。最后，就是以提问的方式请教天津市民。是天津冬季室内不干燥吗？是天津老年人不了解湿度对健康的重要吗？是天津的女士不懂得湿度是美容驻颜的第一要素吗？是天津的婴幼儿不需要更接近母体的湿度环境吗？是天津市民情愿家中的乐器、家具、字画等名贵物品在冬季干裂变形吗？亚都诚心请教天津市民，敬请市民指点迷津。

1991 年 11 月中旬，他们连续几天在天津的几大报纸——《天津日报》《今晚报》《广播节目报》上登出了有偿请教的广告。

为扩大影响，亚都公司还派出公关人员，于 17 日（这一天也是星期天）到天津商场、百货大楼、国际商场、劝业场等大商场内，向人们现场散发"有偿请教"的宣传单，并回答市民们的"湿度与健康"等有关问题。

天津与北京一般都是在每年的 11 月中旬开始供暖气，而在这一天登广告，很容易引起人们对"干燥""湿度"之类的概念的兴趣。亚都的这些广告自然也会很容易引起市民们的注意。

此后的 10 天，亚都共接到天津消费者的来信 1200 多封，都是回答有关问题的。12 月 3 日，亚都公司向每一位来信的天津市民寄去了感谢函，并附赠感谢卡，凭卡可以特价购买加湿器一台。12 月 6 日，他们又在《今晚报》上买下半个版面，公布来信者的名单，并表示感谢。紧接着，他们又于 12 月 8 日在天津国际商场举办公开答谢会，请技术、科研人员现场回答消费者的提问。

这一系列的公关活动搞得有声有色，紧紧吸引住了天津市民的目光并将加湿的概念深深植入他们的心中。很快，亚都加湿器的销路打开了。从活动开始的 1991 年 11 月 15 日到 1992 年的 1 月 15 日，在短短的两个月时间内，亚都加湿器在天津就销出了 4000 多台，是过去三年销量总和的 10 倍。

案例分析

在现代社会，广告营销绝不是满大街的忽悠，相反是商家最具诚意的邀请。亚都需要的并不是真正的建议，而是要客户注意到他们的产品，要客户注视他们的产品。正所谓，要获得别人的尊重，首先你就得尊重别人。亚都就是先表现出对客户们的重视，然后来获取客户对他们的重视。

点子

1. 在这里先说一些能够给客户被重视的感觉的小方法

（1）记住客户的姓名，并且要在第二次见面时热情地喊出来，因为在你立即反应的态度中会让他感受到自己的重要性和被尊重的感受。

（2）记住客户所说过的话，不管是否内容与你的业务有无关系，并且把那些话变成你与他之间共同的话题，他的家庭、职业、兴趣，包括他所饲养的小狗，因为他所关心的，你也关心，他所有兴趣的，你也有兴趣，先成为他的知音，自然而然你就容易成为他成交的对象了！

（3）当他的免费秘书，在谈话中记下他的重要行程，并且提醒他，如果他下一个星期要去香港，提早一天祝他一路顺风，生意顺利！你的细心会令人留下深刻的印象与感动。

（4）生日的祝福，如果有机会能够记录到所有他的家人的生日那更是令人开心的一件事，你不止可以送上祝福，还可以成为客户家人生日的提醒者，超越客户与厂商之间关系积极成为他的好朋友。

（5）留意客户的小动作，喜欢抽什么香烟，喜欢喝什么饮料，在适当时候让他知道你清楚他的习惯，让他知道你真的关心他。

（6）善用手机微信和短信，让你的问候随时陪伴在他的身边。如果在朋友圈，不妨多发发节日问候或者温馨提示信息，或者就发短信，一个月一条，一年十二条短信，总共的花费是一元二角，几乎零费用就可以购买到客户很好的感受，这是多么值当的做法呀！

2. 向顾客求教

推销员利用向客户请教问题的方法来引起客户的注意。

有些人好为人师，总喜欢指导、教育别人，或显示自己。推销员有意找一些不懂的问题，或懂装不懂地向顾客请教。一般顾客是不会拒绝虚心讨教的推销员的。如："王总，在计算机方面您可是专家。这是我公司研制的新型电脑，请您指导，在设计方面还存在什么问题？"受到这番抬举，对方就会接过电脑资料信手翻翻，一旦被电脑先进的技术性能所吸引，推销便大功告成。

商品，除了有一定的使用价值外，可能还会有一定的满足人们心理情感上的需求的外在的东西。在现代商战中，能否抓住潜藏于产品中的无形的情感因素，往往就成为营销能否成功的关键因素。产品本身和产品情感附加值，可说是实与虚两个方面。在产品高度目质化的今天，使劲吆喝实的东西，已经没有多大的效果；避实就虚，抓住人们的情感，反而能取得意想不到的效果。所以，并非只有明星代言或者花费巨资的华丽的广告才能占领消费者的心，富有趣味性和人情味的广告也能在短时间内树立起良好的品牌形象，为产品在激烈竞争的市场中博得一片天空。

著名营销大师霍普金斯曾经说过："重要的不是你做了什么，而是你是否说过。"这句话非常形象地说明了广告的作用和为什么要针对客户的消费心理进行营销。

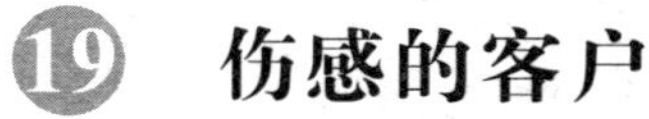

19 伤感的客户

对象了解

情感营销为大家所熟知，但通常情况下表现为温情营销、关爱营销，进行伤感营销的并不多。伤感客户，主要是指因为一些"大悲"而伤感的群体。"大悲"，则是指惨痛的历史事件、悲天悯人的人文关怀、民族的重大苦难等非个人悲情。这类群体不是固定的，只是在特定的日子，特殊的时刻具有这种悲情的特殊群体。当然，伤感营销也不排除针对个人感伤的情感营销。

案例介绍

俄罗斯恢复举行了已经停办多年的莫斯科红场阅兵，虽然官方声明红场阅兵并不是为了纪念苏联解体，但是俄境内还是举行了很多纪念苏联解体的活动。在当今的俄罗斯，俄共依然是一支重要的政党，虽然其性质和以前有了很大的不同，但是对当年苏联的强盛却还是表现出浓烈的怀念之情。就俄罗斯人民而言，也还是有很多人怀念当年的苏联。不仅是怀念苏联，更是怀念过去的燃情岁月和人生历程。

就是这样一种情感，一种怀念历史的、怀念辉煌的伤感，却被聪明的商人加以利用，成为一个商机。有一位台湾省的商人，针对俄罗斯人有怀念当年的超级大国苏联的伤感情绪，搞了一次“伤感商品销售”，他组织出售了一批印有“苏联制造”字样的消费品、已经或即将绝版的邮票、代表证、书、地图，广告词也很煽情：“挥泪别苏联”“再见，苏联制造”。此举果然奏效，一时之间，“苏联制造”再度扬名，很多俄罗斯人都希望拥有一件标有苏联制造的物品，作为对超级大国历史的最好纪念。这样一来，那位台商理所当然地发了一笔大财。

案例分析

所谓“攻心为上”，人的每一种情感，无论是喜悦或悲伤，都是促销的良机。苏联的社会主义不复存在，但超级大国的辉煌历史俄罗斯却不愿意忘却，每每到了纪念日，人们总是对昔日的辉煌和现时的不再感到失落和感伤。这种感伤是“哀而不伤”的，是种美丽的感伤，愿意被提起的感受，因而是商家可以大胆触碰的，正是因为出于这一点，台商才获得了成功。

点子

有人说快乐总是肤浅的，只有悲伤才是深刻的。这句话也许有失偏颇，但悲哀却是人的感情中最为激烈的一处。人在伤感的时候，更加期望有人倾听或安抚，从情感营销的角度来讲，这不失为一大契机。人在快乐的时候，宽容度也大；在悲伤的时候则更容易触怒。企业进行伤感促销的时候要谨防一些忌讳，不要扮演一个商家的角色，而是扮演一个具有同样伤感情绪的组织体，在那些“大悲”的纪念日子里义务地组织群众进行纪念活动，这样则具有亲和力，容易得到群体的支持。当然，商家切莫触及那些敏感的话题。毕竟，吸引客户才是最终目的，一旦话题选择不当引起群众情绪分裂，那就是南辕北辙了。

20 叛逆的客户

对象了解

逆反不可以形成文化，但叛逆却可以形成一种文化，至少可以形成一种流行文化。什么是叛逆？从表面上看，就是头发染成五颜六色，衣服穿得怪里怪气，行事风格多变。实际上，叛逆就是反传统，而要反传统就要有自己新的理念和文化，所以叛逆是有实体的，也就是说，有他们新的生活态度，新的生活方式，新的处世原则，新的是非标准，新的美丑标准。

案例介绍

★案例一：

英国曼彻斯特市郊有一家名叫“流浪汉集中营”的俱乐部，该俱乐部的设计风格体现“颓废”二字，表达了浪人的一种苍凉的生活状态和厌世的主观生活态度。

进入这间俱乐部需要经过严格的身份认证，一般人根本进不去。奇怪的是俱乐部中的“流浪汉”皆红光满面，喜笑颜开，毫无沮丧之色。原来，这里的“流浪汉”个个都是百万富翁，他们厌倦了花花世界的豪华生活，到此体验流浪汉落魄的生活。“流浪汉集中营”俱乐部里飘荡着颓丧的气息，各种设施虽然齐全，但看上去都是中世纪压抑的奢华，叫人感到像一堆废墟，一切都不属于自己，自己只是一个十足的、一无所有的流浪汉。

来到这里的“流浪汉”一般要预先登记进入集中营的日期，定好释放的日期，然后到管理处领一套浪人的衣服和一个浪人随手携带的酒瓶，方可进入集中营，这里的房费比一般旅馆高。但自开办以来，“流浪汉集中营”生意兴隆，收入相当可观。

★案例二：

瑞典最北端有一家冰雪旅馆。距离北极 150 英里，每年 11 月份开张，这座总建筑花费 80 万美元、耗时 8 周的旅馆每年只存在 6 个月的时间，到第二年 4 月，因天气暖和而融化成水流进河里。

这间旅馆名副其实，全部都用冰雪作为建筑原料，居住环境与众不同。冰雪旅馆所用去的冰和雪分别为 1600 吨和 2 万吨，沿着三条用蜡烛照明的走廊挖出 32 间卧室，可以睡下 64 人。这些卧室像冰凿洞一样，用帘子作门。其中有一些十分讲究，由不同风格的瑞典艺术家精心设计，墙上有栩栩如生的雕刻品，室内摆着造型各异的冰制家具，令人叹为观止。

冰雪旅馆外表看上去并不高，好像一连串的大雪堆。可是当旅客通过前门进入门厅，身穿旅馆提供的防风雪的衣服，脚上穿着内有毛皮的靴子，头戴狗皮帽，看到室内的冰雪枝形大灯和晶莹剔透的冰块时，便会为自己进入一个新的室内冰雪世界而兴奋不已。走进门厅，便来到一个大型的酒吧间。它提供以伏特加为主的鸡尾酒。喝酒的杯子是用冰制成的立方体，里面挖空以便盛酒。对于旅游者来说，最富有刺激性的莫过于晚上。在冰雪旅馆里睡上一觉可不是一件轻松的事情，它需要冒险的勇气和胆量。旅客在付了 700 克朗住宿费后，可以领到一个对付严寒的极暖和的睡袋，享受到在零下 20 摄氏度室内睡觉的特权。

冰雪旅馆以其别具一格的服务项目引人注目，吸引着大批游客，成为瑞典旅游业中年收入最高的旅馆之一。不少住过冰雪旅馆的旅客都说：“在冰雪中睡觉，度过最寒冷夜晚，将终生难忘，成为一生中值得永久纪念的事情。”

案例分析

很多人的生活一成不变，因而他们希望有所改变，求新求异的叛逆心理极重，专门针对这些人的心理需求而开设“流浪汉集中营”正是投其所好了。叛逆的客户总寻求超脱现实社会的极限体验和自己没有经历过的另类生活，商家正是抓住了他们的这种怪异的叛逆心理，才成功地获得了这类客户的支持。叛逆是追求个性，而不是追求流俗。因而精彩的策划绝不是随波逐流，而是另辟蹊径，只有另辟蹊径者才可以获得个性化营销中的胜利。

点子

要抓住叛逆的客户，企业就要敢于站出来，要有号召力，提出有感召力，有煽动性的口号激起一种浪潮。叛逆的客户为什么要叛逆，因为他们要体现自己的独立，体现自己的主见，张扬自己的个性，建立自己的世界和秩序。要抓住他们的心理，就必须要解读他们的心理和生活方式，紧扣他们的个性追求，提出有创意的广告和设计有创意的产品。

在这里，不仅仅是消费心理的营销，更是生活形态的营销。

“我的地盘，我做主。”

21 心软的客户

对象了解

“心软”的客户，是指面对商家周到的礼数，容易产生购买欲的客户。商家与客房的关系是从陌生开始的，而一般陌生人之间总是表现出淡漠的人际关系，此时，商家如果采取主动，热情以面，并周到礼貌，那么客户便会感到陌生关系中的暖意，感觉到商家的人情味，这时他们的回报就算没有发展到立即认购你的产品，也一定会乐意接受你，并乐意保持这种令人愉快的融洽关系。这看上去似乎是一个“心软”的客户，其实这种“心软”也是人情之常理，任何人都乐意打破冷场，维系礼尚往来、其乐融融的和谐人际关系。

案例介绍

在黄山有一个照相馆，专门给来黄山旅游的游客照相。

黄山终年云雾，空气湿度很大，经常像下毛毛细雨一样，尤其是在海拔较高的地方。很多年以前，有一家照相馆建在海拔700多米的地方，经常被大雾笼罩，照相馆特别使用了一种技术可以在光线不够充足的情况下照相，而且效果很好，能把置身云雾的美妙境地拍摄到相片中去。

因为到了照相馆这里，很多游客都已经走累了，而且空气湿度越来越大，所以很多游客都会在照相馆里休息。在这里可以一边闲聊，一边看风景，还可以找个人下盘棋，实在是安逸得很。很多人都想在黄山有名的深雾里照张相片留作美好的纪念，但是他们带的相机在这里照的相片一般画面太黑，效果不好。但是，游客都知道在旅游区买东西、照相都特别的贵，所以很少有游客主动要求照相馆照相的。

照相馆并不急着让游客提出照相，而是准备了当地的特产——黄山菊花茶和黄山毛尖，只见照相馆的工作人员端茶盘热情地邀请几位客人尝尝他们制作的茶水，同时还绘声绘色地介绍起黄山的茶叶来，进而和游客热火朝天地谈论黄山的风景。一谈到风景，客户就感叹在云雾太厚的地方照相留念总是洗不出效果好的照片来，这个时候，店员就介绍他们照相馆的照相技术，解释在雾重的情形下如何才能照出效果很好的照片来。

由于店员们的殷勤，再加上照相的价格合理，虽然比一般的贵，但加入了技术成本啊，客人便高兴地答应照相馆为他们照相，甚至愿意和店员们合影留念。其实，请游客品茶都是该店推销照相服务的环节，游客们在不知不觉中就心软了下来接受服务，硬下心来买单。如今手机拍照已经非常方便，这家照相馆的生意不知怎样，但相信他们只要肯动脑子，以诚待客，就一定会发挥出自己的技术、服务和地理位置优势，赢得广大游客的青睐。

案例分析

作为一种售前服务促销术，用免费品尝茶叶来吸引游客而使游客产生“负债”感和信任感。然后和客户聊天，分享旅游的快乐，引导客户说出自己想要照相留念的需求，这时推销自己的服务，强调技术上的专有性，使客户能够接受其价格，最后客户心软了，动摇了，就答应照相了。

点子

推销的第一个障碍就是无法化解客户对你表现出的冷漠，拒绝与你沟通。怎样艺术地打破僵局。开启客户和你之音质话匣子，这是推销员的第一个学习目标。为什么我们遇到的客户一个个都表情冷漠？因为他们总是存一份戒心，因为他们谨慎处世的态度，也因为他们工作、生活的压力太大，喘不过气来。总之，我要说的是没有人真正喜欢一天到晚摆着个冷漠的面孔。处理人际关系本身就是种艺术，推销员如何友好地开始与客户进行沟通更是种艺术。摸准客户的心思，搞清楚怎样做能令客户“心软”，巧妙地介入这个“心软”的切合点，你的客户关系就胜利地开展了一半。

记住：抛砖是为了引玉。

22 生活艺术化的客户

对象了解

这类客户讲究生活的艺术，平淡的生活要过得精彩，过得有滋有味。他们蔑视通俗化的平淡广告，喜欢具有艺术性的广告表达。产品、服务不能仅仅是产品、服务本身，而应该是消费产品、服务就是享受艺术化的生活。他们用独特的消费选择诠释自己艺术化的生活方式。

案例介绍

伏特加酒诞生在公元14世纪的俄国，酒度一般在40度至55度之间，属于低度烈性酒，纯度极高，如今已跻身世界十大名酒行列。吃黑鱼子酱，喝伏特加酒，被公认为“最俄罗斯”。在人们的印象中，只有俄国制造的伏特加才是正宗的伏特加。所以，当1978年美国Carillon公司要代理生产瑞典的绝对牌（Absolut）伏特加时，很多人都发出预言：绝对失败。

然而，Carillon公司总裁却非常相信自己的直觉，他认为这种产品与消费者印象中的伏特加形象是如此的不同，他认为现在需要做的是用强劲的广告赋予品牌个性！于是，一场持久的关于“绝对”的创意诞生了。

最初的创意是，要把品牌建立在瑞典400年的传统文化上。但负责广告宣传的创意总监认为：品牌要成功，广告不能随波逐流，必须冲破一般酒类广告的传统模式；只渲染产品本身的质量远远不够，必须创造它的附加价值，把绝对牌塑造成时兴的——人人都想喝的形象。

最后，他们得到结论，创意思路要从“酒文化”的创意转到“绝对的完美”的创意上去。他们决定避开“瑞典”（Sweden），而全力宣传品牌名称“ABSOLUT（绝对）”，好好地利用品牌的名称来做一番文章。“ABSOLUT（绝对）”这个词具有双重的意思：瑞典文“绝对”是品牌名称，英文“绝对”是绝对的、十足的、全然的意思。

创意人员认为，广告要揭示出绝对牌与市场上其他品牌的差异点，要把绝对牌捧为人们热衷的品牌，并使之成为成功和高级的象征。以此为中心，平面广告的创意都要以“绝对”牌伏特加的本来有些怪异的瓶子为中心，加以适当的处理，使之更加怪异，以引起人们视觉上的注意；而在其下方则加了一个以“ABSOLUT”与其他表示品质的词的组合词，如与“完美”组合成“绝对完美”等，以作为该平面广告的广告词或主题词。如第一则广告是在酒瓶上加个光环，下面的标题为“绝对的完美”；第二则广告则在瓶身加上一对翅膀，标题为“绝对的天堂”。

怪异的瓶子引起人们的注意，一语双关的广告词突出了其特点。15年间，他们以这样的“标准形式”制作了500多张的平面广告（在美国，不能在电视或电台上做烈酒广告，所以，只能在杂志和户外媒介上做平面广告），虽然“格式”不变，但主题却是千变万化的——绝对的产品、物品、城市、艺术、影片、文学、时事等。

如“绝对的物品”这个主题，是将各种物品扭曲或修改成酒瓶状，例如将某滑雪场的山坡，从山顶至山脚被滑出一个巨大的酒瓶状，标题为“绝对的山顶”，意味着酒的品质是绝顶的。

“绝对的城市”则取材于不同的城市景观，并使之幻象成绝对牌的酒瓶，使绝对牌成为与城市环境和谐一体的美妙景观。如手表的内部有一酒瓶状的小零件——“绝对的日内瓦”，“尿尿的小儿”的画中喷水柱变成了绝对牌酒瓶——“绝对的布鲁塞尔”，石狮子的右前脚踩着平放的绝对牌酒瓶——“绝对的北京”，等等。

“绝对的艺术”先后请了 300 多位艺术家为绝对酒瓶作画，并将画作制成广告，为绝对牌塑造了一个又一个全新的形象。

“绝对的影片”中有一则广告，玛丽莲·梦露的因地铁通风口的风吹而飘起的裙摆之下居然露出了一个绝对牌的酒瓶。这个广告被标为“绝对的玛丽莲·梦露”。

“绝对的话题”主要以时事为广告的主题。例如在美苏和平高峰会议期间，就制作出一则和平鸽停在绝对牌酒瓶上的广告，标题为“绝对的高峰会议”。

当然，仅有好的创意还是不够的，技术上还要做到完美的配合，才能完全地把创意表现出来。创意人员深谙其中的道理，所以，他们请来了高水平的摄影师对广告的主角——奇特的酒瓶做了完美的摄影，务必使人们从平面的纸上也能感觉到酒的荡漾、酒的吸引和酒的震撼！

绝对牌的这种独特的广告创意，为产品创造了一种外观上持久的时尚。“总是相同，却又总是不同”广告创意，使品牌产生出历久常新的效果。1980 年“绝对”牌伏特加刚到美国时，它在美国还只是一个微不足道的品牌，每年销售量不过 1.2 万箱，而到现在已暴增至每年 300 万箱，在美国市场上的占有率达到 65%，名列第一。

独特的创意，造就了“绝对”牌的绝对业绩。

有意思的是，多年的广告积累，培养了一大批“绝对”迷，他们近乎疯狂地迷恋与收藏绝对牌的广告。图书馆新书上的绝对牌广告经常被撕走，以至于管理员要进行专门的防范；而纽约有一报贩居然将新进杂志的绝对牌广告割下另行单张出售，一书两卖却仍有不少人购买。1996 年年底，关于绝对牌广告——《ABSOLUT——绝对牌伏特加平面广告的故事》一书正式出版。虽定价高达 60 美元，但仍然是人们争抢的对象。

案例分析

“绝对”牌伏特加的广告创意真可以说是绝对的：绝对的创意，绝对的艺术性，绝对的与众不同，绝对的出奇制胜。

“绝对”的多达 500 多幅的平面广告，完全避开了对酒的吆喝，更避开了对诸如产地、厂家、商家等的吆喝，而完全将它抽象出来。抽象到只剩下一个与酒还有点关系的但已经被抽象化成了无所不包的奇特的酒瓶，这样的广告完全达到了艺术的程度，以至于人们冒着被责罚的危险，从图书馆的杂志上，把它偷剪下来，更有人把它从杂志上单拆开来零卖。

它告诉我们，这已是艺术，已是文化。

营销不仅依赖逻辑、理性的决策手段，也需要艺术、创造和想象的翅膀。

但愿这个案例能在开拓我们的营销思路方面给我们一些启迪。

点子

商海横流，厂家、商家只不过是汪洋中的一滴水，任你怎么大做广告，也不过是各领风骚三五天。怎样才能做到让人记住但又不怎么花钱呢？

从心理学的角度来看，要使广告能受注意，不外乎以下几种方法：突出目标、增大刺激、不断重复、出奇制胜。

成功的广告必须一环紧扣一环，利用文化、生活、艺术等富有情感色彩的心理渗透，让受众对广告产生强烈的认同感，最后人们就自觉地将先前的认同转化为坚定的购买行为了。

所谓：“买的是产品，选择的是印象。”

23 有“情结”的客户

对象了解

每一个人都会有某种特定的情结，而某一类人也会有这一类人的情结。有的是个人情结，有的是职业情结，有的是大众情结。大众情结、职业情结有很多都是众所周知的，比如怀旧情结，思乡情结，还有很多的个人情结是无法捉摸的，但也往往反映在特殊的个人生活习惯上。正因为各种各样的情结影响人们的心理并反映到行动上，所以商家便可以善加利用。

案例介绍

桃源饭店位于某大学门口，主要的目标客户就是学生群体，除了在价格上尽量能够让学生接受以外，菜的口味也非常得好。更为成功的是在学生们的心理上、情感上做文章。面对这群青年，店主抓住他们的学生情结大做文章。

青年学生单纯，喜欢文化氛围浓厚的环境。饭店就装修得带有古典气息，四壁上悬挂着一些中国画和诗词，还有描绘风土人情的油画，主要是侧重于营造出书卷气来，让学生们感觉到高雅。更能使学生和饭店关系融洽的是，饭店在校园里招了一批大学生钟点工，所以这里的服务员也都是大学生。由大学生来为大学生服务，都是校友，因而没有什么束缚，大家都可以尽兴地玩，尽兴地吃。更重要的是，在这种情况下，不会出现服务生和客人出现争吵的局面，即使对饭菜不满意也可以用很缓和的方式解决，因而成功地提高了客户的满意度。至于投诉之类的情况，则根本不会出现。来这里作服务生的同学课余时间算来这里锻炼锻炼，也可以补贴一下生活。

学生们思想活跃，迫切想了解各类信息，饭店便和学校的文学社团联系，由饭店提供经费，在饭店组织了一个探讨、交流的协会，并出了自己的期刊，将每天的国内外要闻和体育新闻、人才招聘信息编成一份协会杂志，油墨印刷，就餐的学生人手一份。当然，饭店不会忘了在这些协会的杂志上印上自己饭店的菜谱。就餐的学生用完餐后将杂志带回学校又是一份绝妙的广告。学生们边看报，边聊天，饭厅里气氛热烈，就像课间讨论一样。

因为学生们来自全国各地、五湖四海。饭店针对这些特点，特意让厨师准备了各式地方风味菜肴，有湖南人爱吃的辣椒、东北人爱吃的猪肉炖粉条、江浙人爱吃的糖醋排骨等。学生们在这里可以享用久违了的家乡风味。

饭店还购置了几台超大屏幕的平板电视，让学生们可以每天就餐的时候看看新闻，或者在各种赛事期间观看比赛，当然，也可以看看凤凰卫视。

正因为桃源饭店抓住了学生的一些单纯、思乡等大学生“情结”和热情等特征，同时价格又适中，该饭店特别受到学生们的喜爱。

案例分析

每一类人都有自己特殊的情结，学生在学校读书，远离父母有“思乡情结”，同时学生关注社会，愤世嫉俗，有一种“清高情结”，这些都被饭店看到了，并采用了合理有效的方式介入到经营策略中，当然就抓住了学生们的心。给学生开的饭店就处处总想学生，抓住了学生的心理和特点，自然会生意兴隆。

点子

抓住有“情结”的客户方法很简单，就是制造“情结”中人所向往的幻境，比如童话世界，浪漫诗意，“朴乡情”，复古情调。所谓“情结”是指一种往往无法实现的然而执着不悔的怅然之情。无法实现，但是却可以虚拟，而且看到这个虚拟的世界，依然可以以你的客户感到恍如隔世的惊喜和嘘叹，这个时候，你的客户无形中对你心怀感激。

24 有特殊爱好的客户

对象了解

举一个例子来说明这类客户：如果有一个人初次去见他的女友的家人，那么要博得她的家人的好感，最好的办法就是了解她的家人的喜好，然后投其所好。她父亲喜欢打高尔夫，那么不妨送老人家一套高尔夫球具。她的母亲喜欢宠物，不妨送她一只她最喜欢的加菲猫。她的姐姐，就送她一套 CD 的化妆品吧！有特殊爱好的客户也是这样，你可以设法满足他这些特殊的爱好，令他爱屋及乌地喜欢你推销的产品。

案例介绍

美国的布兰希保险公司在推销保险业务时，采取了颇为别致的推销方法：该公司先将各种保险说明书连同一张简单的调查表和一张优待券一起寄给顾客，优待券上写道："请您把调查表的几栏空白填好，同时撕下优待券寄回给我们，我们便寄上 2 个罗马、希腊、中国等文明古国的仿古硬币。这是答谢您们的协助，并不是请您加入我们的保险。"

这一招果然吸引人，发出的 3 万封信中收到 2.8 万多封回信。然后，该公司的推销人员就带着各种各样、古色古香的仿制铜制的各国古代货币按地址登门拜访回信者。一进门推销员就说："我特意给您带来了古代的稀奇而不多见的硬币。"这种大方而自然、充满人情味的语言顿时使顾客产生了好感，心中防御的"坚冰"融化了。顾客们在欢天喜地地从五光十色、讨人喜爱的各式各样硬币中挑选他所喜爱的几枚时，轻松愉快的谈话也就开始了，推销员从自然的交谈中逐渐引向保险业务，由于双方产生了感情，建立了信任，推销工作也进行得很顺利。即使有的顾客心里并不想参加保险，或者碍于"面子"也加入了，或者非常客气地说："让我再考虑考虑。"那种因为厌烦而将推销员推出门外的场面再也不会出现了。该公司这一成功的方法一下子就招揽了 6000 多笔保险生意。

案例分析

未来的营销是个性化营销，个性化的人都有自己特殊的爱好，如果企业能满足这些个性化的特殊爱好，那么市场就是你的。千万不能认为销售活动仅仅是商品的我卖你买的过程，销售过程隐含着极丰富的双向心理沟通。特殊的服务总能博得顾客的好感而有利于销售。其实，这个案例反映了一个如何开始和客户顺利地进行对话的问题，其中使用到的打破顾客冷漠态度的方法则是利用了客户的特殊爱好，建立起推销人员和客户之间友好的关系，找到了共同语言。布兰希保险公司正是用了几枚仿制古币，消除了顾客的防范，并获得顾客的好感的。

点子

如何了解你的客户的爱好？了解女友家人的爱好最简单的办法当然是问你的女友，了解你的客户的爱好则可以根据他的职业、生活习惯、娱乐活动，还可以根据轻松的问卷调查。"套牢"你未来的岳父母可以不惜血本，然而吸引你的客户，商家则应该考虑到成本，以一些低成本然而亲切、朴实的形式进行。比如，案例中送仿制古币，或者也可以给爱车的客户赠送汽车保养杂志。最好的方法不是给他想要的东西，而是让他认为你和他有着同好，你们是一个阵营里的战友。

25　爱挑剔的客户

对象了解

"金无足赤，人无完人。"但是客户花了钱总是希望获得完美的产品，完美的服务，因而对你提供的产品或服务总是怀着挑剔的心理暗示。然而，企业根本无法提供所谓完美的产品或完美的服务。重要的是，你要以你的专业水准让这类客户明白，你的产品或服务虽然不如理想中的完美，却是现实中不可再苛求的完美。如果你做到了这些合情合理的解说与劝服，挑剔的心理暗示将不复存在。聪明的客户其实也明白，“少一点幻想，爱情可以完美；接受了现实，生活可以完美”。

案例介绍

英国有一个著名的戏剧演员，他演出莎士比亚戏剧有30年，取得了巨大的成就。在这30年里，很多莎士比亚的戏剧他已经重复演出了上千次，面对挑剔的观众，他没有去改变台词，而是改变台词的表现方法，使得每一次表演都要比上一次精彩，场场演出都非常卖座。

案例分析

莎士比亚的戏剧是毋庸置疑的“好产品”，然而演出莎士比亚戏剧的人却并非个个成功，为什么？因为观众总是以挑剔的眼光来审视演出，而这种挑剔的心态几乎是人性中的一种自然属性。付了钱，履行了义务，那么享受好的东西就是应有的权利，在这种心态下，对于美的感受力大大下降，而对于不完美的方面却是极为敏感。那么，演出要卖座的话就要看演员的不俗表现了。

作为销售人员，就是推销产品的“演员”，面对爱挑剔的客户，产品是否能热卖就要看销售人员的表现是否完美。怎么样的销售人员才能够有完美的表现呢？只有专业的演员才能使挑剔的观众折服，使莎士比亚的戏剧演出卖座；也只有专业的销售人员才能使挑剔的客户信服，使企业的产品成功售出。爱挑剔的客户总是觉得产品的优点是应该的，而缺点是要命的。专业的销售人员则是要让爱挑剔的客户觉得缺点是可以接受的，优点是非常难得的。要抓住爱挑剔的客户，需要专业的销售人员，这就是这个看似无关的例子给我们的启示。

点子

什么是专业的销售人员？

他们遵循的似乎还是传统的原则，即“如果值得做，就要把它做好”。

他们把全部注意力放在他们每时每刻都要实现的目标上。

他们从不半途而废，也从不把现在该完成的事情拖到以后。

专业人员比其他人更清楚自己在做什么。你可以比较一下，是医生还是你自己更了解你的健康状况。得到大学学位并不是最重要的，真正有价值的是要“熟知”。“熟知”指的是你充分、详细地了解该事物，包括它所有的细微之处。

为了把事情做得更好，专业人员也在不断努力去学习更多的东西，做更多的练习。当他们对着镜子里的自己时，他们不会说“你真棒”，而是说“你应该可以做得更好”。他们一直在努力完善自己，不管是语言还是行动，他们都一遍一遍地重复使之达到完美。

怎样成为专业的销售人员？

只要按照下面的要求去做，你也会成为专业的销售人员，而且你的销售额会比你的竞争对手甚至你的同事都多。

1. 熟知你的产品和与之竞争的产品。

研究你的产品、公司、市场、竞争产品以及客户。自己收集信息，你会成为出类拔萃的专家。

2. 设置目标，并制订具体的计划来实现目标。

列出需要优先考虑的事情，然后根据其对销售成功的帮助作用排序，直接进入优先考虑的事情，把时间花在重要的事情上。

3. 不断练习直到完美。

在成功的演出背后有着演员艰苦的反复练习，这一点也适用于销售行为。业余人士只会被动等待，专业人员则会不断地努力工作。

记住：没有完美的产品，但有完美的销售表现！

26 迷惑的客户

对象了解

物质的富足使我们感到头晕目眩。1970 年，可供选购的电话只有普通和豪华两种款式，颜色也不过黑青两色，或可壁挂，或可置于案头，仅此而已。

今天，提供给我们的选择简直浩如烟海，具体数字无人能尽其详。仅就种类而言，有留言电话、可提示电话、呼叫身份校验电话、对讲机、移动电话等。

再让我们满怀留恋地看看 20 世纪 70 年代吧。一个典型的美国中产阶级可以拥有的财产包括支票和银行存款账户，以及人身保险，可能还会有一些债券、股票和房地产。

再看看今天：股票和债券，国债和各类公募、私募的基金、养老金（可转换类或其他类型），私募延期补偿债券，另外还有数以千计的共同基金，还有记名和不记名的各类证券，有指数型和无指数型的各类证券，有套期保值型、投资收益型及混合型的各类证券，有长期、中期和短期的各种投资。每项投资下面又设有各种分支类型，就像成窝的老鼠一样，即便专家们都会头疼不已。

面对信息爆炸时代各种不置可否的信息，我们的客户迷惑了。

案例介绍

莱昂·约瑟夫仔细地研究了 10 个月数码录像机，最后决定买一台。

他走进了纽约特里博卡录像机专卖店，这是他最喜欢的品牌。数码录像机应该在音像柜台，这是莱昂的第一个想法。

在柜台，莱昂看到了两种名牌的数码录像机。他问店员二者有什么不同。店员不知道，他们不懂这种机器的工作原理。莱昂最后只好放弃。

这是一个服务不完善的例子吗？或许是吧。数码录像机已经上架一年了，这足够所有售货员研究明白的了。

再来看看 Orange 公司获得的巨大成功。那是一家跨国电信公司，名字起得很巧妙。公司总裁曾经做过电话业务，通过与电话用户的交流，他了解到电信行业存在不少问题。比如，定价方案太过复杂会使客户一头雾水，不知所措。

Orange 公司注意到了这个问题。它放弃了其他所有的定价方案，只保留了一个。

从此，Orange 公司一直保持着简单的风格。比如，它只给消费者一个联系电话、一个联系人。

这些办法帮助 Orange 公司获得了客户。它的广告标语极为诱人：未来就如橘子的颜色，绚烂辉煌！它的简单着实让客户喜欢。因此，这家公司的客户忠诚度达到了行业平均水平的 2 倍。

案例分析

这是一个繁荣的时代，也是一个灾难的时代。

狄更斯在他的名作《双城记》当中，曾经用上面的话对 18 世纪的伦敦做过评价。200 年后，这样的话对我们来说，仍然适用。不过，此一时，彼一时。和狄更斯笔下的人物不同，今天的人们大多不会因为物质匮乏而心生忧虑，相反，他们倒是因为物质过剩而苦不堪言。

弗洛伊德在《文明与愤懑》一书当中也曾谈及此事。生活在物质相对富足的社会当中，弗洛伊德发现我们失去了一样东西：幸福。越是文明，我们就越是愤懑。

在这个物竞天择的经济社会当中，Orange 公司必然蓬勃繁荣。它的明晰和简洁安慰了这个世界上的所有莱昂·约瑟夫们，安慰了所有被选择与信息折磨得身心俱疲的人们。

点子

曾经有一个女士告诉我，她 3 年都没买到微波炉，就是因为她不知道该买哪一个。我们知道，每个厂家都有自己的特点，没有完全一样的两种微波炉。

同样，第一次购买徒步旅行靴的客户会很难做出购买的决定，他们甚至无法决定哪一个尺码更适合自己，因为这种靴子与其他鞋子在尺码上有很大的区别；而要让他们考虑是买高帮的还是中帮的，皮革的还是尼龙的，一个鞋舌的还是两个鞋舌的，重量轻但不防水的还是很重却有防水性能的……就更难做决定了。

当客户不知所措，很难做出购买决定时，你可以按下面的说法去做：

（1）通过提问帮助客户了解他们的需求。客户一旦明确了自己的需求就很容易做出购买决定。你可以在对产品进行比较之前，先对客户进行提问，从而清楚地了解客户的需求。

（2）帮助客户对产品进行比较，从而消除他们的困惑。这就需要你能够清楚地了解竞争者的产品，能够解释他们的产品与自己的产品在特点、益处以及购买条件上的差别。

（3）向客户阐述你的产品的益处。在介绍结束后进行总结时，一定要明确该产品满足了客户的哪些具体需求。“双赢”是指你找出了对方的真正需求，并给他们提供了满足需求的方法，同时你也得到了你想要的东西。

27 好奇心重的客户

对象了解

现代心理学表明，好奇是人类行为的基本动机之一。“探索与好奇，似乎是一般人的天性，对于神秘奇妙的事物，往往是大家所关心注目的对象。”好奇心重的客户是指对很多事物都充满了好奇，喜欢去了解，喜欢接触多种类信息。

案例介绍

一位推销员对顾客说：“老李，您知道世界上最懒的东西是什么吗？”

顾客感到迷惑，但也很好奇。

这位推销员继续说：“就是您藏起来不用的钱。它们本来可以购买我们的空调，让您度过一个凉爽的夏天。”

某地毯推销员对顾客说：“每天只花一毛六分钱就可以使您的卧室铺上地毯。”

顾客对此感到惊奇，推销员接着讲道：“您的卧室是 12 平方米，我厂地毯的价格是每平方米为 24.8 元，这样需要 297.6 元。我厂地毯可铺用 5 年，每年 365 天，这样平均每天的花费只有一角六分钱。”

推销员制造神秘气氛引起对方的好奇，然后在解答疑问时很有技巧地把产品介绍给顾客。

案例分析

那些顾客不熟悉、不了解、不知道或与众不同的东西，往往会引起人们的注意，推销员可以利用人人皆有的好奇心来引起顾客的注意。

点子

好奇心重的客户，如果要吸引他们，就要力图创造新的推销方法与推销风格，用新奇的方法来引起客户的注意。

日本一位人寿保险推销员，在名片上印着“76600”的数字，顾客感到奇怪，就问：“这个数字什么意思？”推销员反问道：“您一生中吃多少顿饭？”几乎没有一个顾客能答得出来。推销员接着说：“76600 顿吗？按照 70 岁来综合计算，您不就是剩下 19 年的饭，即 20805 顿。”这位推销员用一个新奇的名片吸引住了顾客的注意力。

利用这样的怪招吸引好奇心重的客户，我们不妨学习。

28 偶像崇拜的客户

对象了解

这是一个偶像崇拜的时代，这类客户崇拜偶像近乎痴迷的程度，具有很大的盲目性。针对这类客户最有效最简单的吸引方式就是，利用他们的偶像来做广告。

案例介绍

从起初尴尬地在俄勒冈州尤金市鲍尔曼的厨房里露面开始，一直到今天变成了庞然大物，耐克的成功溯其根源，就是：偶像人物。

那个时候，美国主流的运动鞋是日本产的虎牌跑鞋，崇尚简约主义。菲尔·奈特对这种情况深感不满，于是，耐克便问世了。奈特和径赛教练比尔·鲍尔曼协力开发了这种新跑鞋，并很快就用希腊胜利女神的名字为它命了名。

在选择与鲍尔曼合作的时候，奈特直接找到了美国长跑界里的知名人物。鲍尔曼和威来诺娃大学的约步·埃利奥特是美国竞赛界著名的教练，他们的经历富于传奇色彩，都曾培养过许多美国的奥运会选手，尤其是长跑运动员。和鲍尔曼一块儿来的是一位美国长跑界的知名人物，史蒂夫·普瑞范泰恩。他是当时美国跑得最快也最有魅力的长跑运动员，是一个从2000米到5000米无一不能的大明星，后来好莱坞曾以他的生活为题材拍摄了两部电影。

经鲍尔曼设计并“预穿”的耐克跑鞋很快就成为世人瞩目的标志品牌，20世纪70年代初期在美国名噪一时。

20世纪80年代末，篮球运动在美国流行。随着魔术师约翰逊这样明星球员的崛起，以及洛杉矶和纽约让人着迷的球队的出现，篮球逐渐取代了棒球和橄榄球，成为在美国最受欢迎的体育运动。

对于耐克来说，这个消息喜忧参半。那时人们还是把耐克看作一个生产跑鞋的公司，第一印象没有变化。耐克需要突破这个束缚手脚的印象，它需要篮球运动的名人。

幸运的是，耐克这次又看到了前头。

要是耐克目光短浅的话，它选中的也许是约翰逊，或者波士顿的拉里·伯德来替耐克的篮球鞋作促销。然而，耐克选的却是北加利福尼亚大学一个刚刚毕业的学生。那个时候，这看起来有点儿出乎意料，因为这个人甚至都没能进入校篮球队年度比赛的预选名单。开始被选中的人是哈基姆·奥拉朱旺。波特兰拓荒者队两次选中的都是肯塔基州的主力萨姆·鲍伊，可是鲍伊的名字从来没被印到球鞋上，也没能进入到全明星队当中。

耐克的选择全世界的读者们都已经耳熟能详了，它选的人是迈克尔·乔丹。他才华横溢、魅力超群、光彩四射，乔丹很快就成了篮球界的热点人物。

案例分析

和美国另外的几千家公司一样，耐克充分展示了偶像对于整个行业不同寻常的影响力。

不计其数的信息和成千上万种选择把消费者搞得头晕目眩、不知所措，他们只好把目光转向自己的偶像，由他们来替自己做出选择。有了偶像们的签名，他们就会觉得心里舒服，这也让他们觉得自己的这个决定做得不错。

点子

几乎每个行业都有自己的偶像人物。

企业要做的就是寻找偶像，培养他们。

第二章

从客户需求研究挖掘客户

29 讲究实在的客户

对象了解

张扬喧嚣的时代也是充满浮华的时代。如今大量的广告信息有多少是“货真价实”的？大量的豪华场所有多少是有实际需求的？滥用的“科技”有多少是实用的？这都是一个“实在”的效益目标问题。讲究实在的客户就追求实在的效益目标，不要天花乱坠的广告，不要看得见摸不着的海市蜃楼，不要没有实用价值的“伪专利”。

案例介绍

杰克是一家公司总裁，打算购买保险，其开价很高。其中有一家保险公司的推销人员是这样与他交涉的：

杰克说：“非常抱歉，先生，经过研究，我们决定不向贵公司购买保险了。”

推销员问：“我可以知道其中的原因吗？”

杰克说：“另外一家公司的优惠条件和你们的非常接近，但价格却令我们非常满意。”

推销员问：“您能告诉我对方的实际开价吗？”

杰克说：“你应该清楚这是不符合行业竞争规矩的。”

推销员说：“我不相信我的计划书没被其他公司看过。”

杰克说：“我这么做只是督促对方尽快开价。”

推销员说：“我希望和他们得到公平的对待。”

他看了一眼他的助手，说：“你们有意见吗？”助手们表示没有意见。杰克掏出其他公司的计划，推销员一眼就发现这份计划不符合实际，夸大了投保人的收益。推销员说：“我能用一下您的电话吗？”

杰克不解地看着推销员说："当然可以。"

推销员说："如果您不介意的话不妨听听那家公司的真实价格。"

推销员按照计划书上的联系方式接通那家公司经理的电话。

推销员说："您好，我需要向您咨询一些数据。"

经理回答说："我手边就有相关资料，您请问吧。"

推销员问："请问人寿险 46 岁投保人的收益是多少？"

这是因为杰克先生刚好 46 岁。经理如实地提供了收益数目。

推销员继续问他第一阶段的收益是多少。经理马上把查到的准确数目告诉了他。他又询问第一个 20 年的收益数目。经理说："我们公司没有划定这一时间段的收益数目，所以无法向您提供。"

推销员挂了电话，把那家公司的计划书呈在杰克总裁面前，上面清清楚楚地写着他在未来的 20 年中可以获得的保险收益。

杰克一言不发地坐在那里，而推销员只是平静地坐在他的对面看着他。好长时间他才回过神来，看了看周围的人说：原来天底下根本就没有那么好的事情。

推销员凭着自己的诚信实在的风格成功地和杰克总裁做成了这笔保险生意，这位推销员就是——弗兰克·贝特格。

案例分析

弗兰克·贝特格是美国人寿保险创造人，这个案例正是他亲身经历的事情。案例中弗兰克·贝特格遇到的杰克总裁选择了他们公司之外的一家保险公司，但是弗兰克·贝特格巧妙地揭示了那家保险公司承诺的虚假性，成功地说服了杰克总裁购买他的保险业务。

如果那家保险公司本着诚信的态度进行正当的竞争，或许还有获胜的把握。但由于没有这样做，不但丧失了成功的机会，更丢掉了自己的信誉，使以后的合作变得非常渺茫。诚信、实在，这就是最伟大的推销员弗兰克·贝特格本人的推销风格和他对商家的忠告。

案例中以小见大地说明了实在的推销对实在的客户的影响，以及企业的名声问题。名声具有商业价值，每个企业都希望有一个好的名声。知名度具有不同的内涵，实在正是其中很重要的一个元素。作为企业正是通过他们对具体事情实实在在地妥善处理，以小见大，引起客户好感，在客户心目中树立起良好的企业形象。

点子

直截了当，干脆利落，简单化，这就是讲究实在型客户追求的风格。提供给这类客户的产品要简单耐用，销售渠道要便捷，售后服务要快捷。朴实、雷厉风行的营销风格，留给讲究实在的客户一个干净、爽利、实在的形象。

对讲究实在的客户进行推销，最有效的方法通常是表演展示，案例中的保险推销员也是现实说法的一种被动展示。

推销员利用各种戏剧性的动作来展示产品的特点，是最能引起顾客的注意的。

一位消防用品推销员见到顾客后，并不急于开口说话，而是从提包里拿出一件防火衣，将其装入一个大纸袋，旋即用火点燃纸袋，等纸袋烧完后，里面的衣服仍完好无损。这一戏剧性的表演，使顾客产生了极大的兴趣。售卖高级领带的售货员只说“这是金钟牌高级领带”，这没什么效果，但是，如果把领带揉成一团，再轻易地拉平，说“这是金钟牌高级领带”，就能给人留下深刻的印象。

 渴望新鲜感的客户

对象了解

上班族面对一成不变的工作和生活，总是希望有新鲜感。渴望有新鲜感的客户，在购买商品时偏向于设计上有创意，有新功能的产品。甚至于对新的色调、新的外形、新的款式都表现出兴趣，而对一成不变的保守产品，即使是名牌产品

也不是那么感兴趣。只有富有创意的新东西、新概念、新想法、新口号，才能吸引他们的眼球。

案例介绍

美国加州的爱丽美食品公司，人们称它为“今明后公司”。这家公司为了迎合消费者渴求新鲜感的心理，雇佣了42位食品设计师，每周总要设计出10多种新食品。

当然，他们并不是盲目地推出新设计，而是设立一个“今明后”柜台，每天在这个柜台，总有几种新食品的样品陈列。今天出样，明天认购，后天公开出售。这样一来，被品尝得多的“今”天的食品，到了“明”天订货必多，“后”天则肯定十分畅销。所以该公司被称作“今明后公司”。

公司根据出样品尝多，订货则多，订货一多便可公开出售赢利的规律，今天出样，听取顾客的意见，明天订货，观察顾客的反应，经过两天的测试，如果反响热烈则订出后天的上市量，反响不热烈的，干脆不上市。

这个方法果然奏效，而且顾客对这个经营方法表现出很大的兴趣，因为该经营方式抓住了顾客渴求新鲜感的心理，感觉自己可以左右哪种食品能够公开出售。每一个品尝到自己喜欢的食品的人都希望自己看中的食品能够公开销售，所以品尝到自己喜欢的食品是绝对要订购的，甚至动员朋友和家人一起来订购。

公司一不做二不休，索性搞起了评选每周最佳“流行口味顾问奖”，即大家根据自己的眼光和品位来预测下周哪些食品会受到大家的欢迎，哪位顾客预测得最准确哪位便得奖，公司将奖励一份特别为他设计的食品。

案例分析

该案例中，今明后公司每周总要设计出10多种新食品，对渴望新鲜感的客户来说可谓一大刺激。同时，办“流行口味顾问奖”，由客户主导食品的出售前途，充分调动了客户对新鲜事物的热心劲。公司以活动带动客户，又回到客户的需求来指导公司的决策，真是妙不可言。公司是以三维立体效应迎合顾客消费心理，使经销具备一定的超前意识和科学预见能力，培养新的市场，当然“上帝就会跟我走”。这是由于人们知觉容易受特殊愿望和新鲜事物的影响。今明后公司正是重视和通过对知觉的分析，发现其中孕育的机遇，及时抓住它，“百计迭出”达到某种突破。

点子

渴望新鲜感的客户承受着枯燥的生活和乏味工作的苦闷，心里对新鲜事物的追求和激情却总是难以磨灭。如果触动了他们的那根神经，他们就会热心参与，并乐此不疲。触动他们那根神经就是要打破常规，制造富有新意的感观冲击。本质上每一个人都有打破平庸生活的欲望，但是需要一个人来开这个头，企业便充当了这个角色。

记住：追求新鲜感的口号也是重要的，“特步，非一般的感觉！”（“特步”广告语）

31 要求便捷的客户

对象了解

产品的使用客户会要求便捷，售后服务客户也会要求快速便捷，而在服务行业本身，特别是网络服务行业，便捷则是企业的生命。只要企业能提供便捷的服务，客户马上就会加入你的旗下，因为在服务业，尤其对网络服务提供商，便捷就是发展的原动力。

案例介绍

Google的创业故事，已经成为硅谷的传奇之一。

20世纪90年代中期，互联网逐渐成了气候，裴吉和布尔处于这种环境中，开始探索网页之间的关系。这段时期的搜索引擎笨拙无比，使用者寻找数据时，打进几个字，屏幕上跳出的相关网站数目经常多达数千个，原因很简单：这些网站都用到那些字眼。可惜大部分的查询结果并不是使用者想要的，徒然浪费他们宝贵的时间。

1995 年春天，Google 未来的共同创办人塞尔盖·布尔和雷利·裴吉因为斯坦福大学的计算机科学博士班在旧金山举办迎新联谊活动而相识。裴吉懂网络，获有电机工程学位。布尔的专长是数据采撷，拥有计算机学位和数学学位。裴吉和布尔发现，网络的搜索之链已经断裂——随着网络的成长，要找高品质的信息越来越困难。全球信息网迷人的地方，在于你能够找到丰富的信息。全球信息网叫人束手无策的地方，却在于信息超载。帮助人们找到他们觉得重要的信息，成了现代生活最大的挑战之一。因此他们埋头设计一套全新的方法，月以挑选整理搜寻的结果。

当时的搜索引擎，认为网页内容的字词重复次数多，相关性就高。比方说，如果你要查询老虎伍兹的数据，搜索结果清单列出的网站，是按照这两个英文字在文章里面出现的次数多寡排列。出现次数最多的网页，排在最上面，可是那不一定是你最想看的。反过来说，要是你为伍兹的球迷设立网站，只要把他的姓名打进原始码几千次，搜索引擎保证优先列出你的网站。

当时的搜索引擎使用者可谓吃尽了苦头，查找相关网络资源的效率相当低。如果能设计出一具新的搜索引擎，能够便捷地为搜索引擎使用者提供搜索服务，那么一定会有很多的客户使用这种便捷的搜索引擎。在这种追求便捷的需求下，市场还属于空白未开发阶段，如果把握住了这个市场契机，满足了客户的这种便捷需求，一定能在市场竞争中有所作为。

1996 年 1 月，裴吉和布尔开始合作建造一具搜索引擎，一种更为便捷的网络搜寻方法。

他们首创的技术，不只寻找某个网页里面的关键词，也根据链接到那个网页的其他网站的数目，判断那个网页的重要性和影响力。

他们认为，一个炙手可热或实用的网页，来自其他网页的链接应该比较多；其他的网站认为某个网页具参考价值，才会链接到那个网页。和它链接的网站数量越多，表示对它的“信心投票”越多，所以这个网页的内容越重要，在搜索结果中的排序当然越高。

他们也分析投票网页的重要性。网页A本身如果很重要，它投下的那一票，权数就比较高，进而有助于提升网页B或其他网页的重要性。也就是说，如果有cnn.com等非常有名的网站和网页B链接，那么还要给网页B“加分”。

这种技术似乎比较麻烦，但使用者使用起来却相当的简单，而且得到的搜索结果比当时的任何搜索引擎都要准确，更能满足使用者的查询需求。两位高材生很快就发现，他们得到的结果比其他任何搜索方式都要好。两人把这套系统命名为“回擦”，意思是指它能够由后往前，分析指向某个网页的“返回链接”判断它有多“红”。

除了准确，Google的另一个主要优势是速度。能够快速得到所要的查询结果，是靠搜索引擎行之有效的老方法——把互联网上大量的信息存在本身的服务器里面。

正是由于Google的搜索引擎使用简单，搜索便捷而且准确，满足了搜索引擎使用者追求便捷的需求，很快受到市场的欢迎，后来成了Google的心脏，每天协助指引数百万使用者上网络寻找信息。布尔和裴吉在原来一团乱的搜索清单上，加进了优先级，将关联性最高的网页排在最前面，大大减轻了使用者的挫折感。在网络企业发展的冬天，在各大网络公司利润急剧下降甚至出现亏损的严寒时期，Google能够脱颖而出、迅速成长，正是因为它满足了客户的需求，抓住了客户的心。

到1999年年底，每隔几天，Google的2000部服务器就会下载2亿多页文件。

案例分析

营销不只是销售，营销包括企业从技术开发到产品生产再到销售的整个过程，从广告策划、促销策划层面到企业战略策划层面的整个纵深。因此，满足客户需求，在企业技术开发阶段就应该准确把握。Google正是因为把握了技术开发阶段的满足客户需求的关键思路，所以才会取得传奇式的巨大成功。

点子

这里要提到的是一个老话题了，即现在很多企业仍然没有把科学的营销观念真正运用到企业管理中去。企业的营销部门的职能仍然只限于销售，而对其他部门缺少必要的协调，使得企业的营销环节断裂，企业研发出来的产品或服务本身无法满足客户的需求。这样就迫使企业无法从整体上实现营销效果，销售工作也非常被动，难以开展。追求便捷的客户要求产品简单、好用、高效，企业应该在产品开发阶段就把握这种需求，从产品问世的时候就具备满足这种需求的天资。

记住：简单的就是最好的。

追求全能化的客户

对象了解

你希望有一个什么产品都有销售，什么服务都能提供的公司就在你家附近或者你学校附近吗？你希望在百度网站上什么网络资源都能查找到吗？追求全能化的客户就是这样一类客户，他们总是希望公司提供的产品和服务达到包容万象的地步，这样他们便能在一个熟悉的地方得到想要的一切东西。

案例介绍

阿里巴巴初创时，中国电子商务并不完善，各项功能的需求还没有被开发，更多的客户只是需要最简单的服务，即能够发布产品信息，因此，阿里巴巴的模式也十分简单，就像简单的“BBS”，只是简单的产品信息发布。随着电子商务市场的成熟，客户的要求也越来越高，坚持最简模式的阿里巴巴也在逐步改进提高自己，让阿里巴巴向着多层面发展，以便为客户提供更多的服务。阿里巴巴的服务先简后繁，但是为客户服务的宗旨始终如一。

正如马云所说：阿里巴巴不是一家吸引眼球的公司，它更注重的，是为客户提供价值。

从 2007 年开始，阿里巴巴结束完全的单一业务层面纵向发展模式，把物流、展会、保险、商务服务等传统商业巨头才有“资格”享用的专业服务，提供给日益强大的中小企业群。阿里巴巴平台已逐步延伸成一个 22.5 万个中小企业自发形成的无数个“组织化”的生态链，其中既有“供产销”式的网商之间的供应链，也有阿里巴巴代表小企业集群与专业服务商构成的利益链条。

2008 年 11 月，互联网年会上阿里巴巴副总裁彭翼捷在会议上说：“阿里巴巴第一阶段做的是供求信息，我们让卖家可以通过我们找到买家，买家也可以找到卖家。但是，随着企业的发展，他们需要突破他们的瓶颈，需要更多更快捷的资讯，他们接下来需要更低价的物流等服务；随着电子商务的发展，传统的人才已经没有办法满足他们的需求，他们需要电子商务的人才；随着企业从生存到发展，到要壮大了，他们需要融资，需要风险投资或者需要更多其他的服务；对于很多中小企业制造主来说，他们可能只是需要几十万或者几百万让资金流转得更快的企业贷款，而阿里巴巴如果是个只提供供求关系的平台，我们就会限制中小企业的发展，我们看到了这些问题，我们怎么办呢？我们原来的供求信息都是由我们的会员、我们的中小企业提供的，而其他企业需要的服务，是我们自己提供还是其他人提供？我知道的一家行业网站，专门做化工行业细致运营的就有一百号人，我们是不是再去开一个服务公司？或者做一个物流的网站？或者人才商务的网站？我相信后面打的问号已经有了更好的答案，这样的平台是需要大家一起建立的。”

案例分析

客户的需求是无法穷尽的，如何才能抓住客户的这些需求，建立一个客户需要什么就有什么的公司，这种动力还是要从客户自身那里去挖掘。阿里巴巴正是找到了这种动力，才发展成为世界闻名的电子商务帝国。

点子

如果我们想不到好点子，不知道怎么做，那么看看别人是怎么做的，这样有时候更有效。

记住：很多时候，拼命地想不如用心听。

33 讲究品位的客户

对象了解

讲究品位的人分两种：讲究外在品位的，这一种似乎用“品位”这一词来形容更为恰当；另外一种是讲究内在品位的，但不管是哪一种，他们都比较在意自己的公众形象，内敛，有涵养，有特色，而且对这种特色较执着，因而品牌忠诚度也较高。他们对流行文化持保留态度，不跟风。一般而言，购买力水平较高，对价格不是太在意。

案例介绍

洛杉矶市唐人街中心地区有一家咖啡厅，生意非常好。这家咖啡厅和别的咖啡厅不同之处在于，这家咖啡厅里有一个“东方画廊”和一个“西方音乐吧”。

“东方画廊”里陈列着很多中国的水墨画和山水花鸟画，还有很多具有东方色彩的工艺美术品。同时，这里还有很多中国的书刊、唱片、录音带，大家戏称它为中华民族文化的传播站。很多中国人都喜欢到这家咖啡厅喝咖啡，因为在这里能感受到祖国的味道。这个“东方画廊”还举办过“中国十大名家画展”“纽约华人画家作品选”等书画展览，非常有格调，很多人来到这里就是为了欣赏这里的格调。每逢星期天或假日，到那里赏画、购书、看书的人络绎不绝。

“西方音乐吧”里陈列着几架古典的钢琴和很多其他乐器，并经常有乐队进行演奏。就是在平时，有雅兴的顾客也可以到这里弹上一首肖邦的小夜曲。不可思议的是，这里还有很多音乐家的肖像和西方音乐史方面的书籍，是音乐爱好者最喜欢的所在。正是这里的气氛给了一种非常有档次、非常有品味、非常高雅有格调的感觉，所以光顾这家咖啡厅的客人，无论是中国人还是美国人或者欧洲人，都非常地赞赏。

咖啡厅经营的正是这种东方人的情结和西方人的情怀，经营东西方兼具的格调，而不仅仅是咖啡。来这里喝咖啡的人享受到的不只是咖啡的浓香，更是文化的清香。

案例分析

咖啡厅的成功之道就在于它营造了一些别致的气氛，顿时之间使得咖啡厅的档次得到提高。对客户而言，文化反映出的品位远要比其反映出的档次要强烈得多。追求品位的客户当然对文化异常的敏感，文化所能带来的格调绝非一般豪华的东西所可以替代。咖啡厅本来就是一个重环境、重气氛的地方，加入文化的因素提升其格调正是这家咖啡厅成功的关键。

点子

针对讲究品位的客户，企业的广告策划也要显得有品位，不能随俗，最好要营造上乘经典之作的感觉。同时，销售渠道和促销方式都应有所限制，不能过滥。与这类客户沟通，企业要表现得礼貌周到，同时又要能包容一些客户的“怪”“品位”。产品要有特色，但这种加工要做到不留痕迹。因为品位与流行文化的差异就在于：流行文化彰显其特色，张扬其个性，但品位讲究若隐若现，气韵内敛。

34 追求时尚的客户

对象了解

这种消费心理尤其体现在青少年和儿童身上。他们选购商品时特别重视款式是否符合流行样式，追逐新潮。对于商品是否经久耐用，价值是否合理则不大考虑。这种动机的核心是——“时髦”和“奇特”。这一类客户表面上是不喜欢当面拒绝别人的，所以要耐心地和他们周旋，而这也并不会引起他们太多的反感。他们追求时尚，是否时尚是对他们最有力的说服因素。

案例介绍

那些质量低劣的新伞买回后用不过两三次，就会折骨断线，人们形象地称之为“短命伞”。

可想而知其销量在大陆和台湾地区一定都很差，但是一家商社却慧眼识真金，将这种伞打入美国市场，在纽约竟获得了2万多打的大额订货。这家商社还断言，这种伞在欧洲发达国家有极大的潜力，今后欲将目光投向发达国家的市场，为其产品寻找新的客户。

这家商社的理由是充足的，他们断定至少有两个因素可以使这种短命伞在美国畅销：其一是美国人均占有轿车比率为世界之首，下雨天人们只在上下车这一短时间里需要伞，所以伞的利用率不高；其二是近年来因交通堵塞，人们短途办事，宁可坐地铁、巴士或干脆步行，所以雨伞的需求在美国又有上升趋势，一旦碰上雨雪天，人们乐意花上一两美元买上一把小巧好看但不结实的雨伞，用一次就扔掉了。由于价格十分低廉，所以人们反倒不在乎它是否耐用。

不仅如此，经销商还根据美国市场的特点在流行色、花样和价格上大做文章。美国人性格开朗，热情奔放，所以将大量颜色鲜艳的短命伞倾销美国，而将库存的素色、黑色、深蓝色、咖啡色等色彩庄重的短命伞销往英国，以适应英国人保守、稳重的特点。基于这种准确的判断、精明的决策，台湾地区的“短命伞”很快便打入欧美市场，销售额竟达数百万美元。

案例分析

市场有时候有很多的误区，在这里卖不出去的产品可能在另外一个地方热卖。这是因为不同的地区本身造成了不同的消费需求，同时由于消费观念的不同，更造成了同一产品在不同地方受欢迎的程度不同。因此在台湾地区和大陆都卖不出去的“短命伞”，却可以在美国市场热卖。

点子

对市场的预测不是盲目进行的，所有对市场和消费者的了解与把握都是基于以市场的调查和预测，没有坚实、可靠的市场调查研究不可能有对市场全面、深入、准确的了解。很多企业忽视市场调查研究的重要性，认为市场调查研究的功能仅限于新项目的可行性论证。其实不然，经常性地进行市场的调查研究，从中便可以发现很多市场机会。市场机会的把握更多的不是归于灵机一动，而是以很多的调查研究资料和结论为基础的。从客户那里收集反馈信息、关注国外市场、关注市场的变化都需要做很多的调查才能真正有所发现。抓住追求时尚的客户要对客户关心的时尚信息进行分析整理，理出可能的市场机遇，要关注客户的喜好变化，挖掘出客户的“胃口”。

35 追求品质的客户

对象了解

追求品质的客户非常关心产品的质量，这类客户对劣质商品非常痛恨。由于市场上的很多产品客户通常很难识别其质量，所以这类客户通常比较信赖权威机构的一些质量认证。另外，客户也比较相信自己的经验，例如有些客户认为“一分钱一分货”，价钱高的产品一般质量也较好。

案例介绍

在一次西藏怪石展览上，有一位外国客人看中了一个珊瑚果篮，非要以高价买下来。展览活动主办方的工作人员没有办法，只好把这个珊瑚果篮卖给了这位外国客人。

展览结束后，主办方清点展览品，发现少了这个珊瑚果篮，经调查才知道是被一位外国客人买走了。实际上，这个珊瑚果篮不是纯粹的天然珊瑚构造，加了部分人工化学原料。经查证，当时外国客人花费了 5 万元买这个珊瑚果篮。

主办方（一家艺术品进出口公司）立即四方查证该外国客人，经过相关方面的帮助终于找到了这位外国客人，将实情告之，提出将该珊瑚果篮购回，并向他表示道歉。

这位外国客户非常感慨，说如果不是主办方将实情告诉他，他恐怕一辈子也不会知道，还以为自己拥有一件真正的珊瑚工艺品。

主办方则认为，该公司一向以优质的产品品质获得中外客户的支持，产品品质是公司的生命，如果有客户因为这种误会买到品质低劣的产品，将是公司的巨大损失。

经过了这次“误会”，该公司声名远播，许多追求良好的产品品质的客户纷纷来该公司联系业务。

案例分析

产品品质不是客户一眼就能看出来的，品质需要市场的考验，而品质的优劣也不是都有硬性的官方标准。在市场竞争中如何将自己的产品品质优势凸显出来，除了“等待”时间的考验以外，企业还可以通过一些主动的行为进行宣传。

点子

企业体现自身产品品质优良的途径很多，可以通过各种国际质量体系认证，可以通过官方的或行业自律组织的质量认证。

作为销售人员，主要任务是把产品的品质特征，产品的好处传达给客户。准确地把产品的品质描述给客户要注意以下几点：

（1）你所描述的益处是否对客户有用，或者是否解决了他的问题。

（2）在陈述过程中不断问问题，确保客户明白你的信息。

（3）准备好你要说什么，并且进行练习。

（4）提出你产品的特点和益处。了解你的产品或服务的特点和益处，要成为这方面的专家。要清楚并非所有的客户都是一样的，你所阐述的产品益处要符合客户的具体情况。

（5）帮助客户了解这个产品如何使他们获益。确保你所提到的益处对客户来说非常重要，每介绍完一条益处，就询问客户这一点对他们是否有用、有帮助或有价值，或者能否解决他们的问题。

记住：当客户说过 7 遍“不”之后，通常就成交了。

36 追求安逸的客户

对象了解

现代社会生活节奏加快，工作繁重，精神压力大，交通拥挤，城市人口密度大，生活空间小，追求安逸的生活几乎是现代人共同的追求之一。能够避开城市的喧嚣与拥挤，找一片安宁舒适的所在，放下所有生活的重压，是多少人梦寐以求的生活。“你好安逸啊！”说这句话的时候，说话者脸上是带着怎样的艳羡之情!

案例介绍

日本著名风景区热海市有一家名为“新赤尾”的观光旅馆。在 1979 年，该旅馆接待观光游客 15 万人，营业额为 29 亿日元，利润超过 3 亿日元。这个业绩在日本同类型旅馆中是没有人能与其相提并论的。

新赤尾旅馆的老板赤尾藏之助，被称为是一位“和常识唱反调”的经营者。他突破了经营观光旅馆的追求客房满员的常识，并竖起了自己的适当控制旅馆入住率的旗帜。

一般的旅馆老板认为，旅馆客房应该全部满员。所以，各家观光旅馆大多数愿意为人数较多的团体游客服务，而把人数较少的全家外出旅游的游客放在次要地位。为此，许多旅馆常常不惜折价招徕团体游客，以保证客房的高入住率。

对此，赤尾藏之助不以为然。他的观点是：游客们到风景区观光旅游，是为了摆脱繁重的工作和生活上的压力，尽情享受优美的自然景色和旅馆的安逸舒适的生活。如果旅馆内因客满而时时人声鼎沸，甚至出现就餐拥挤等情况，势必破坏那种宁静、安逸的气氛，影响游客的兴致。因此，新赤尾旅馆并不像其他旅馆那样，千方百计地吸引团体游客，即使接待，也尽量控制人数。

反之，对于全家旅游，特别是新婚旅行的游客，因为人数相对要少，没有团体性的活动，有自身相对宁静、安逸的家庭气氛，新赤尾则非常热情，不论是客房安排，还是餐厅进食，服务员都会优先安排，周到服务。贯彻适当控制入住率，优待家庭游客的思想，使新赤尾旅馆能始终保持一种优雅、静谧的气氛，反过来又为旅馆吸引了更多的游人。Airbnb 之所以现在这么流行，除了为闲置房的主人提供了可观的收入，更重要的是让游客有了家一般的温馨、宁静和舒适。

案例分析

目的决定手段。游客选择住宿是因为旅途中有住宿的需求，但就旅游而言，目的是为了摆脱繁重的工作和生活上的压力，尽情享受优美的自然景色和旅馆的安逸舒适的生活，住宿这个需求是受以上这个目的需求制约的，如果达不到安逸、舒适、宁静这种气氛上的目的性追求，那么这种住宿也就丧失了旅游的乐趣。如果这次住的旅馆没有得到旅游的兴趣，没有达到目的性的需求，那么哪怕找到地方落脚，下次旅游也是决计不会再入住这家旅馆了。新赤尾旅馆正是了解到了旅客的目的性的真正的需求，而不是满足于住宿这个简单层面上的需求，所以才真正满足了客户的需求，得到了客户的支持。

点子

买同样一件产品或选择同样一项服务，消费的目的却是多样化的。也就是说同一件产品或同一样服务被用来实现不同的客户需求，因此在出售一件产品或提供一项服务时，要区别对待不同的客户，了解他们真正的需求所在，更好满足他们的需求，实现客户效益最大化。在客户购买产品或选择服务时，与客户进行双向的有效沟通，了解客户切实的需求，真正使客户满意。

记住：需求是多样化的，有时候你的客户是“醉翁之意不在酒”。

37 追求物美价廉的客户

对象了解

节俭是民族的一种美德，千万不要理解为小气，伤害客户的情感是营销的大忌。节俭的客户追求实现物美价廉的购买，千万不要嘲笑为熊掌鱼翅都想要得到的贪心鬼。物美价廉是没有硬性指标的，只是购买者个人的主观感受。节俭的客户有一特点，那就是喜欢货比三家，对价格比较敏感。

有这种消费心理一般都是体现在消费者和低收入阶层的身上。他们选购商品时，特别计较商品的价格，喜欢物美价廉或削价处理的商品。其动机的核心是“便宜”和“低档”。

案例介绍

人们常说有比较才有鉴别，“不比不知道，一比吓一跳”。把这种方法引入到经营领域，往往可以收到事半功倍的销售效果。

有一家专门经营玩具的商店，同时购进两种小鹿，造型相差无几，价格也一样，可是摆在柜台上却很少有顾客问津。后来，该店经理在标价上出了个主意，他把其中一只小鹿的标价从 5 元提到 10 元，另一只小鹿的标价不变，仍是 5 元。两种小鹿放在一个柜台里，结果标价 5 元的小鹿很快销售一空。

事后，商店的经理说：“这个结果是早料到的。对商品进行比较是顾客的普遍心理。既然小鹿的质量相差无几，而价格却差那么多，当然人们都愿意买便宜的那种小鹿了。”没改变价格前，两种小鹿都卖不出去；有意提高了一种小鹿的价格，使两种小鹿形成强烈的价格对比，引起顾客的注意，从而刺激了顾客的购买心理，收到了奇妙的销售效果。

案例分析

这则案例中的销售经理利用了节俭客户对价格敏感的一种消费心理，使原本滞销的商品人为地造出一种差价，使追求节俭的客户感到这次购买是一次节俭的购买，满足了其对产品本身的需求，同时满足了其求廉的消费心理需求。实际上，商店是在没有降价的情形下将滞销商品成功出售。案例中的方法是比较特殊的，适用性比较弱，而且具有欺诈感，然而其中折射出来的营销思维却是值得我们学习的。为什么要进行消费者心理研究，其中有一原因有很多人没有意识到，那就是不只可以通过消费者心理研究发现消费者生活中的购物需求，开发产品潜在客户，同时，诸如“节俭”“经济”“实在”这些消费者心理诉求本身也是一种待满足的消费心理需求。在将产品成功卖给客户的同时，如果让他们感到了“节俭”“经济”“实在”，满足了他们的消费心理需求，那么才是真正成功地满足了他们的双重需求，即达到了“口服心服”的状态，这样将促使他们下次再到你这里购买。

点子

沃尔玛“薄利多销”的口号是成功实现满足节俭客户追求物美价廉心理的典型。针对有不同消费心理需求的客户，可以提出不同的经营方式得到他们的认同，“薄利多销”针对追求物美价廉的节俭型客户，“试用销售”针对追求实际效用的实在型客户。企业追求利润的方式是多种多样的，不是说从节俭的客户那里就挣不来钱。从人性的角度来讲，更是有诸多的方法可以抓牢这些客户，因为节俭还是不节俭，经济还是不经济，实在还是不实在，每个人的参照标准是不同的，企业所要做的只是让客户主观上感到满足，那么聪明的销售人员是可以通过很多细节工作来做成这件事的，比如像沃尔玛一样，提出一个响亮的口号。

上述是从形而上的角度帮助企业应对节俭的客户，那么如何帮助节俭的客户准确有效地购物，真正实现节俭呢？

1. 有效管理销售，帮助客户购买

保护客户，防止他们在购买上出现错误，这也是管理销售的一部分。诚实地

回答问题，并给予客户他们所需要的购买信息以便做出正确的购买决定，而不是等着客户来问。

2. 书面通知客户，帮助购买决策

在购买你的产品时，如果客户不听你的建议，而且你也知道客户这样做会犯错误，你就要以书面形式通知他，这样以后一旦出错，你也有据可查，表明自己曾试图帮助他避免错误。

3. 全面分析客户，帮助避免错误

帮助客户避免出现购买错误，可以带给你更多的销售机会。因此就需要你对客户做出完整的分析，了解客户需求。双赢是指在所有人际交往中不断寻求互利的一种态度。

38 审美取向的客户

对象了解

这种消费心理大都体现在城市年轻女性的身上。她们在选购商品时，不以使用价值为宗旨，而是注重商品的品格和个性，强调商品的艺术美，其动机的核心是讲究“装饰”和“漂亮”。不仅仅关注商品的价格、性能、质量、服务等价值，而且也关注商品的包装、款式、颜色、造型等形体价值。

这类客户购物时非常注重产品的外形和美观，如果一件产品的设计不符合其审美追求，那么就算这件产品质量非常好那也是无济于事的。这类客户非常注重优美的外在形象，对产品的美观要求非常苛刻，要成功将产品卖给这个群体，产品设计必须美观。现实中，所谓“爱美之心人皆有之”，每一个人都希望产品尽量美观，如果产品质量好同时又设计美观，那么使用者在使用的时候将会更加喜爱，顾客满意度也在不知不觉中会有所提高。

案例介绍

也许很多人都听过这个案例，它就是关于宝洁公司的肥皂的故事。19 世纪 70 年代，当时的肥皂通体是黑乎乎的颜色，除了实用外，可以说是一无是处，好在大家都用习惯了，倒也没觉得有什么不妥。宝洁公司却从中找到了契机，开始研制新肥皂。

宝洁想象中的新肥皂应该是纯白色的，而且形状一定要美观。研制人员接受了建议，经过一年多的试验，终于设计出一种肥皂式样，并申请了专利。这种新式样是长方形的，每个角的部位都呈圆形，两块肥皂连在一起，中间有一条切线，可以很轻松地切开，切开后，握在手里大小正合适。它的包装也很特别，包装纸是黑白两种颜色，表示里面有两块肥皂。

怎样给产品命名呢？宝洁公司的诉求重点是要能强调“肥皂的纯白、洁净”，让消费者一听到名字，就会联想到肥皂。人们绞尽脑汁，提出了许多名字，但没有一个能达到非常鲜明的效果。一天，宝洁公司的创始人波克特先生到教堂做礼拜，听到神父的颂词，突然眼睛一亮：用象牙来象征肥皂不是很合适吗？于是，“象牙肥皂”这个响彻全球的品牌诞生了。

最为精彩的创举体现在广告宣传上，广告宣传对这种在当时具有审美价值的特点作为一个广告诉求成功地传达给了消费者。

广告在今天已是司空见惯，但在 100 多年前，宝洁则是排除了无数的阻力来创造刊登广告的机会。在杂志上刊登肥皂广告、运用专家意见进行推广、赠奖销售等都是宝洁公司的首创。

案例分析

人类总是从物质追求向精神追求进化，在满足了基本的物质追求之后，就会开始精神追求。当一件产品在物质技术上已经很难再有所改进时，对其进行审美价值上的完善，不失为获取竞争优势的一个好方法。特别是在一些和人类有着“亲密接触”的产品上，审美价值是很有发展潜力的。宝洁的肥皂之所以成功，它在产品上就是这种审美优势。

点子

如何开发产品的美感，对具有美感的产品如何进行推广，如何宣传这种优势，如何启发消费者的审美意识，如何将审美作为广告的诉求表达出。这就是针对具有审美取向的客户进行营销，要把握的几个关键点。大致上有三个不可缺的步骤：

（1）为产品起一个好名字，来增强消费者的印象，引发其对产品的审美幻想；

（2）美化产品的形状，将产品的审美价值转化为核心的竞争力；

（3）设计动人的广告作为宣传的工具，鲜明地表达审美诉求。

39 注重个人事业发展的客户

对象了解

一件产品如果不仅能满足人现在的需求，而且能够满足人未来的发展需求，那么它就进入了马斯洛需求层次理论中的更高需求层次，客户的购买决心也将加大。注重个人发展的客户目光长远，他们不局限于产品对他们目前状况的影响，更看重购买或不购买这种产品将对他们的未来，对他们的发展产生怎样直接或间接的影响。

案例介绍

有一个推销员向一位老板推销保险，这个老板说："我现在年事已高，早就对买保险失去了兴趣，而且以前买的保险都已经开始偿付了。我的孩子们都已经自立了，他们用不着我给予什么照顾。哪怕我发生意外，现有的积蓄也可以让我的家人舒服地生活。"

推销员说："尊敬的先生，作为一个事业有成的人，您一定还有很多家庭和事业之外的兴趣，比如资助慈善事业。我相信您一定希望这些注入了您非常多的爱心的事业一直能够继续下去，哪怕您已经不在人世。如果您接受了我们的计划，无论何时，您资助的事业都会继续发展下去。您如果买了保险，20 年之内，每个月都可以收到我们公司寄出的 5000 美元的支票，哪怕您过世。或许您根本就不需要这笔钱，那么您可以将它用到最需要的地方。”

老板对推销员的话产生了兴趣，他说：“提到慈善事业，我现在正资助 3 名外国传教士，虽然每年都花去很多钱，但我始终认为这件事非常有意义。你说我要是买了保险，那么在我去世之后，那 3 个传教士还会得到资助，我想多了解一些。你刚才说如果我买了保险，从现在起 20 年内，每月都可以收到 5000 美元的支票，你算一下我需要支付多少钱？”

就这样，一宗保险业务顺利谈成了。

案例分析

可以说每一个人都注重自己事业的发展，但是每一个人心中的事业都是不同的，而且同一个人在不同阶段看中的事业也是不同的。要说服客户，就是要了解他们现在心中装着怎样的事业。找到客户需要什么，帮助他们用最简便的方法满足所需，这就是成功推销的秘诀。

点子

很多行业，强调的正是客户发展上的需求，未来的潜在需求，比如保险业。要抓住这类客户，不是靠对未来不着边际的假设，不是靠对发展无谓的“杞人忧天”，而靠切合实际的、客户所关注的利益点来说服客户，比如说服百万富翁购买人寿保险，不可能让他跟着你幻想他一朝丧命一无所有，而是应该强调他所关心的他的家族后代如何能够获得长期稳定的物质保障或者如何确保他设立的慈善基金永久存续。

40 追求品牌的客户

对象了解

如今是一个品牌的时代，没有品牌几乎无法生存。品牌就是产品的简历，就是产品的婚介信息。你凭什么要我“聘用”你，拿出个像样的简历来。要我“嫁”给你，请给我一个理由。这就是品牌在当今的作用，就像居民身份证。追求品牌的客户，在购物时首要考虑该产品的品牌。在产品质量信息缺乏的情况下，在消费者购物经验的约束下，认准品牌几乎是很多人的购物模式。

品牌彰显的是个人品位和社会形象，城市中高收入者对此尤其关心。选购商品时，特别重视商品的威望和象征意义。商品要名贵，牌子要响亮，以此来显示自己地位不一般，或炫耀自己的能力非凡，还有就是对名牌有一种安全感和依赖感，觉得质量信得过。精明的商人，总是善于运用消费者的品牌心理做生意。这就需要你努力使自己的商品成为名牌；还有就是要懂得利用各类名人推销自己的商品。

案例介绍

品牌联盟促销是现在很风行的促销方式之一，很多品牌都联合与其实力相当的品牌，进行联盟促销。在这种形式下的促销，既能确保品牌的声誉，而且因为是联盟促销，实际上只是联盟内部利益关系的协调，而不需要在促销中另行支付较大的促销成本。现在这种促销随处可见，比如你在国光超市购买罐装的康师傅冰红茶，不到3元就可买到，而且凭此购买小票可在今晨百货购买海尔、长虹、康佳、海信、西门子、小天鹅、容声、索尼、伊莱克斯等任一个品牌的家电，可优惠100元；买五福珠宝、玉器等饰品可优惠50元；买美宝莲、小护士、雅芳、玉兰油等化妆品可优惠30元；买金利来、宜而爽、豪门、AB

内衣、皮尔卡丹、步森、虎都、爱慕、曼妮芬、黛安芬、春竹等品牌的产品可优惠 200 元。像这样的案例比比皆是。其中要数百事可乐和肯德基、必胜客的联盟促销最为人所熟知，可谓强势品牌联合进行品牌战的典型案例。

点子

改变品牌选择的人有两种：

不易改变品牌的消费者。这种消费者在观念上非常固执，任何变化很难打入他们的心中，他们的态度或后天的反应过强，不允许新的信息通过，如果要求转变，必须透过、教育、政治、哲学、宗教等力量，才能对产品或品牌有所改变。

易于改变品牌的消费者。另一种极端的消费者非常容易受到各种新产品、价格折扣、推销活动的影响。他们为了要获得更好、更经济或干脆不同的产品，对于新产品宣传的真实性如何根本不予分辨，即改变他原来使用的品牌的习性，当一些新的顾客对公司的品牌成为忠实的采购者时，当然他就具有交易的能力。

在什么情况下，消费者才会改变品牌？哪种消费者容易改变品牌？有什么力量能促使忠诚的消费者，采取改变的行动呢？至少有几种因素是促成改变品牌的原动力，这些因素包括大众媒介、团体的影响、权威的意见、知觉等。

消费者在受到各种广告媒介的影响之后引起改变的比例数字最大，个人所属团体的规范行为标准所给予的影响力也不可忽视。具有权威的消费者，如团体领袖或嗜好的形成者，影星、歌星之类在商品品牌及购买行为上所建立的倾向，对于消费者购买商品品牌的改变，也具有相当影响。

以前说商品是为了满足消费者的需求，现在则升华为消费者对商品的情感认同，比如说，喝左岸咖啡的人，不只是为了提神，也拥有了阶层的认同，以及格调、情绪的心理暗示：一边喝着咖啡，一边沐浴着塞纳河畔的轻风，内心获得艺术的悠闲的享受。

现在很多广告都以生活化作为诉求重点，从发掘人性面来获得消费者认同就是从品牌的软性价值上来打动消费者。品牌资产是一种消费者个人的情感象征或寄托，而不单只是为了满足生理上的因素，当品牌升华到情感因素，就如同消费者的亲人一般，和消费者的生活形态就紧密结合在一起了。如果品牌营销达到了赢得消费者的情感认同，那么就不愁抓不住追求品牌的客户。

41 讲究个性的客户

对象了解

很多人认为现在是一个个性张扬的时代，的确没错。讲究个性的客户是一个很大的人群，他们在穿着打扮、吃住、喜好、各种社交活动中都极力表现自己独特的个性。对很多青年人而言，没有个性，往往是对一个人极低的甚至是带有污蔑性的评价。讲究个性的人群还可以进行细分，比如按出生年代可以细分出几个不同年代出生的人在性格上的不同追求，还可以按不同文化对性格追求的影响进行分类等。

案例介绍

上东区有一个非常“有个性”的时装店，店堂里面的几张桌子上整齐地摆着十几排颜料，每排几十瓶，各种颜色样样俱全，墙壁上有“绘画、创造和卓越”“艺术注潮”“发现你的艺术才能”“没有年龄限制，没有时间限制，没有任何限制”几行大字，颜色鲜艳，字体不一，似乎在召唤过往的行人和进店的顾客。迎街挂了几件圆领衫，上面或绘着女人头像，或画着山水花草，或乱七八糟涂几笔，件件皆是“杰作”，“独一无二”，显示纽约作为时装之都的个性化时装设计。

商店门口，招牌闪闪发光，“独一无二商店”几个大字时隐时现。该时装商店就叫作“独一无二商店”，除了销售各式男女服装，还有创造“杰作”的“艺术之角”，店里所有没有图案的衣服都可以立即在“艺术之角”进行创作和艺术加工。

“艺术之角”是该店设计上的精华所在。在这里，你可以根据自己的性格爱好自己设计自己的衣服，也可以要求专业人员根据你的个性设计出符合你的性格气质风格的衣服。在这里，每个人都试图将自己的个性在衣着上外化，并企图将这种外化最大化。有人干脆管这个“艺术之角”叫做“个性之角”。

顾客们花上几美元购得一件作为“原料”的白色圆领衫之后，如若灵感激发，想发挥自己的艺术才能，可免费使用这里的不褪色颜料和绘画工具，随心所欲地为白色圆领衫画画图案；若想请人代笔，则每件付画费七八美元。顾客们还可以在一个转盘上抹上颜料，将圆领衫铺在上面，再盖上玻璃罩，然后开动机器旋转，随后取出圆领衫，一幅创作佳品便制作完毕，至于衣服上画的是什么，任凭顾客海阔天空地自由想象，每件衬衫上的图案都是举世孤品，独一无二。当然，使用机器还得交几美元。

案例分析

“新奇”也是一种广告宣传，也是一种个性，利用“新”和“奇”吸引顾客，以达到宣传目的，同时也能达到宣扬企业个性和产品个性的目的。美国人追求新奇，千方百计与别人不一样以显示自己独特的个性，这恐怕是经营“独一无二商店”的最好诠释。

点子

对追求个性的客户进行个性追求上的分类研究和生活形态上的研究是了解这类客户，并进而影响这类客户的最为有效的手段。在这里不妨对追求个性的客户进行几个大的分类，以供企业参考。按照现在一些生活形态营销的研究成果，个性上的分类主要有按出生年代的分类，分成 40 后、50 后、60 后、70 后、80 后、90 后、00 后等群体。每一个群体又划分成很多的群族，比如优质 Y 等生族、游戏人生族、安居乐业族等。

企业要抓住追求个性的客户，就要对以上分出的各类群体有深入的了解，尤其是对其生活形态要有充分的了解。比如安居乐业族的群体，他们的性格是：重视家庭，而且保有传统价值观，很关心健康，注意家人饮食营养的摄取量，购物花钱时非常理性，有促销时，最好每一分钱都花在刀刃上，做到有经济效益，工作、社交有条理，生活各种细节会面面俱到，同时仍不忘随时充实学习，对自己信心十足。这些消费者心理和生活形态上的理论研究成果，企业都可以拿来利用，作为企业影响追求个性的客户的法宝。

42 有深度需求的客户

对象了解

有深度需求的客户，是指他们在实施一项购买时，表现出来的需求只是一种浅层次的表面需求。在这项购买之后，隐藏着真正意义上的需求，即深度需求。

案例介绍

老太太来到水果摊前，问道："这李子怎么样？"如果小贩从自我角度直接正面回答"我的李子又大又甜"，陈述己见，就事论事，就会忽视客户感受和真实需求。对于这种比较感性的问句，是最容易回答也最容易让小贩发挥的话题。

小贩可以先简单介绍产品品种，然后征询顾客需求。当顾客提出购买酸李子的个性化需求时，主动引导则成交的可能性就比较大。让顾客购买产品的时候，享受购买过程的情景体验。如小贩针对酸李子的一句叫人流口水式的情景体验，"我这儿的李子又酸又甜又新鲜，刚上的货，昨天下午从果园摘的，味道特别足，您要多少？"

当老太太购买了酸李子之后，小贩可以继续挖掘顾客其他需求，了解老太太购买酸李子背后的故事，引导新需求。"儿媳妇要生孩子，想吃酸的。"这才是顾客需求背后的真正秘密。然后小贩立即跟进，利用情感沟通，善于运用奶奶盼孙子的通常心理，体贴动情适时有度的恭维以取悦顾客。

顾客的需求永远是多方面的。小贩在了解老太太真正需求之后，继续引导消费："您知道孕妇最需要什么营养吗？"人到中年的小贩很知心地和老太太唠起家常，告诉她孕妇特别需要补充维生素，而猕猴桃富含多种维生素尤其是被誉为维C之王，特别适合孕妇。“您要给您儿媳妇天天吃猕猴桃，她一高兴，说不定能一下生出一对双胞胎。”小贩抓住顾客感兴趣的话题借题发挥，马上又让顾客购买了更多的产品。聪明的推销员往往善于和顾客交流，娓娓道来中掌握对方心理需求从而抓住商机，往往顾客进门时打算买一把，出门时买一箩筐。

案例分析

销售产品要给客户一个购买的理由，客户的需求永远是多方面的，而且很多购买行为里面都体现出客户更深度的需求，如果企业能用心去发现这些需求，那么企业的生意就做大了。

点子

找出客户需求，并尽自己最大的努力去满足这些需求，这就是人们曾经给予销售的定义。

挖掘客户深度需求的方法有以下几种

（1）平时市场调研中多加询问，成为客户的生活工作顾问，只有这样你才能了解其深度需求；

（2）在销售当时合理地进行推理，探问其深度需求；

（3）销售后提醒客户注意相关配套设施和延伸需求，引发客户道出深度需求。

43 追求公平性的客户

服务公平性包括交往公平性、结果公平性和程序公平性等三个组成部分。三类服务公平性是三个不同的概念。

顾客在正常服务环境中感知的三类服务公平性对顾客的消费情感都有显著的影响。然而，对不同类型企业来说，三类公平性与顾客的正、负面消费情感之间的关系并不完全相同。比如在医院中，住院病人感知的结果公平性对他们的正面消费情感有直接的正向影响，对他们的负面消费情感有直接的负向影响。医疗服务消费是一种功能性消费。病人的情感主要是由医疗服务的结果决定的。医院正确地为顾客提供各种医疗服务，减轻疾病给病人带来的痛苦，可削弱病人的紧张、忧虑等负面情感。病人的病情好转，身体康复，就更可能产生高兴、愉快等正面情感。因此，病人感知的结果公平性对他们的正、负面消费情感都有显著的直接影响。

如果是在银行中，储户感知的程序公平性对他们的正面消费情感有直接的正向影响，他们感知的交往公平性对他们的负面消费情感有直接的负向影响。银行为储户提供标准化、程序化、规范化储蓄服务。储户比较重视方便、及时等服务属性。银行采用公平合理的服务程序，为储户提供快速、高效的服务，更可能增强储户的正面消费情感。银行营业员与顾客之间的关系是一次性交往关系或表面关系，而并非长期关系。营业员在双方短暂交往的过程中，尊重储户，热情待客，可削弱储户的负面情感。

如果是在宾馆中，宾客感知的交往公平性对他们的正面消费情感有直接的正向影响，对他们的负面消费情感有显著的负向影响。宾客在宾馆的消费主要是享乐性消费。宾客不但重视服务结果，而且重视服务过程。与储户相比较，宾客更希望获得定制化、个性化的服务。服务人员理解宾客的需要，热心地为宾客排忧解难，尽力满足宾客的需要，更可能增强宾客的正面消费情感，削弱他们的负面消费情感。因此，顾客的消费目的和企业的服务方式，是影响三类服务公平性与顾客的正、负面消费情感之间关系的重要因素。

在各类顾客样本中，结果公平性对顾客的正面消费情感都有显著的直接影响。除40岁以上顾客、家庭月收入12000元以上的顾客之外，其他各类顾客感知的交往公平性对他们的负面消费情感都有显著的直接影响。可见，结果公平性可增强顾客的正面消费情感。除年龄较大（40岁以上）、家庭月收入较高（12000元以上）的顾客外，其他各类顾客感知的交往公平性会削弱他们的负面消费情感；而年龄较大、家庭月收入较高的顾客的负面消费情感主要受他们感觉中的软、硬质量的影响。年龄较大的顾客有比较丰富的消费经验，他们在服务消费过程中可能更多考虑企业的服务质量。收入较高的顾客有较强的消费能力，他们往往对服务质量有较高的要求。因此，与服务公平性相比较，年龄较大、家庭月收入较高的顾客感觉中的软、硬质量对他们的负面消费情感的影响更大。

在服务消费环境中，顾客感知的服务结果公平性和服务程序公平性紧密相关，但顾客往往认为某种服务结果很可能不会再次发生，而企业及其服务人员却可能多次采用相同的服务程序为自己服务。因此，与结果公平性相比较，顾客感知的程序公平性会对他们的信任感产生更大的影响。程序公平性对顾客信任感有显著的直接影响，结果公平性对顾客信任感没有显著的直接影响。此外，交往公平性对顾客信任感没有显著的直接影响。交往公平性是顾客在服务消费过程中对服务人员与自己交往公平程度的评估，因此，交往公平性更可能直接影响顾客对服务人员的信任感。

第三章

从营销细节工作挖掘客户

44 回头客

对象了解

美丽的女人才有高回头率，成功的企业才有大量回头客。回头客即对第一次消费感到满意，决意再次到同一地方进行消费的客户。只有客户对第一次消费感到满意了，才有可能再次消费，才会成为企业的回头客。

案例介绍

近年来，酒店业兴起一个新的服务项目——保管剩酒，即将顾客喝剩的酒保存起来，陈列在一个细巧的玻璃柜内，并在酒杯上吊上一个别致精美的小卡片，上面写着存放人的姓名、单位、职衔和“惠存”字样。不仅在酒店业，在茶馆、按摩店等消费场所，店家都为回头客安排存茶叶、收放专用衣服等贴心服务。类似 100 送 30 的返券活动更是屡见不鲜，目的无非就是吸引客流，拉住回头客。

案例分析

保管剩酒这一举措，为客户节省了花费，非常贴心而且显得很体面，让人有宾至如归的温馨感觉，无疑是保障了“回头客”。

点子

懂得客户的购物心理，并能加以运用，会使你的事业更加成功。

针对回头客，销售人员的主要任务是了解顾客的购买习惯，弄清楚这类回头客是什么样性质的回头客，然后运用不同的方法经营企业和客户之间的关系。回头客有的是真正的固定客户，他们大都对店里的陈列方式、销售的商品、销售方式，营业员以及店长等有着特别的情感，于是很自然地将这家零售店当成自己的店，购买商品时，也就毫无疑问地到这里来购买。在接待这类回头客时，就应当表现出应有的热情，同样可以暗示店长出面接待，给他以特别的注意。

值得一提的是，有些回头客看上去不像是本店的固定顾客，但当他走进商场时，一种情况是由于急需，另外也可能是走遍了其他商场，没有合意的，只好到这家商店。不管他是以何种目的而来，销售人员都要做出正确的判断，稍有不慎，不仅无法促成现场的交易，还可能失去一位顾客。

另外，还有一类回头客，他们通常只光顾一家店，但并非是这家店的固定顾客，他们的光顾，往往只因为位置较方便，或是其他地方没有找到适当的商品，因此只能称他们为流动顾客。对于这样的流动顾客的招待，销售人员要充分运用说服技巧，积极促成交易，他们将为商店带来比较丰厚的额外利润。

抓住“回头客”，可以利用客户的消费惯性，比如为他提供保管剩酒这样的服务，或者提供后续性服务，比如进行周期性工作日拜访。“回头客”回头次数多了就是企业的老客户了，企业切莫忘记“回头客”回头的原因是对第一次消费感到满意，因此必须再接再厉，改进服务，培养“回头客”成为企业的忠诚客户。人性中总是有一种喜欢“如故”的感觉，而害怕物是人非的失落，这是抓住“回头客”的一个攻心策略。

记住：给客户一种“再回首，我心依旧”故友重逢倍加亲切的感受。

45　有不时之需的客户

对象了解

在商场购物，忘了已经到了吃午饭的时间了，可是想要买的东西还没有买好，这时客户就需要解决了午餐问题再继续购物。在宾馆住宿，有空闲的时候想要娱乐一下，这时宾馆就需要娱乐休闲的场所和设施。在行业细化、专业分工细化的今天，商家还是需要一体化的服务，以满足客户不时之需。

案例介绍

在经营购物商场和酒店的同时，开设美食城和电子游乐广场，这是现在一些商家在一体化服务思想指导下的又一新经营模式。其中最负盛名的要算京西的世纪金源大厦。餐饮部、娱乐场所、各种课外学校为广大顾客提供了多样化的生活便利。一到周末，许多人携家带口蜂拥而至，购物、吃饭、看电影、做美容、上课外班，这些愿望现在均能得到很好的满足。许多家长先把大孩子送到课外班，再把小孩子安置在游艺广场里尽情地玩，自己轻轻松松地买东西，然后一家人再到美食城共同进餐，晚上一起看个电影或者做个健身按摩，美好的一天就在商场里轻松度过。

现在这种综合经营思维下的购物商场和酒店非常红火，已经成为商业地产发展的主导模式之一。

案例分析

企业经营需要努力反映思维对象的外在全貌、内在多级，需要极大地克服思维空间上的片面性，建构完整的现代化经营的立体思维。解决了客户的不时之需，客户没有任何消费顾虑，同时企业也把经营范围做大了。

点子

企业要提供世界上最优秀的服务，要切记：“没有”，是商家的忌语。不要说“这种商品或这种服务，我们这里没有，你到别处看看有没有。”我们要为顾客提供世界上最优秀的服务，应该说：“您要的商品或服务，我想办法帮您提供。”还要问：“您有什么要求，请告诉我们，我们会想办法办好的。”当然，光说不做是不行的，去别人那帮顾客买来或去别的企业请人过来服务也是不现实的，而各种设施更是不可能从别处拿来或借过来暂时用用。综合性立体性经营在行业细化的现代市场，仍然是服务业、零售业等行业必须具备的营业能力。为客户着想是营销理念的精髓所在，所以客户的不时之需，是企业必须了解到并给予解决的。只有这样，企业才能在市场竞争中生存下去。

客户购买过程是一种体验过程。愉悦、兴奋、满足的购物体验会引导消费者再次到能产生这种体验的场所重复购物，这无论是对于企业产品还是对于商业场所来说，都是培养忠实消费者的过程。

记住：企业要为客户做的是——“万事俱备，不欠东风。”

46　繁忙的客户

对象了解

这类客户不断地抱怨他们在一天之中没有足够的时间满足自己的所有需求。几乎半数的中层管理者在抱怨他们有太多的工作要做，而可供利用的时间却很少。这也能解释为什么十个客户中倒有九个正被生活中的各种失衡所困扰。造成这些失衡的主要原因是他们用在人际关系处理、家庭、业余爱好和休闲活动上的时间太少，结果导致了更多的紧迫感。他们迫切希望能有额外的服务来帮助他们节省时间，甚至不惜为这些额外的服务支付报酬。许多客户不能容忍等待和经常性的现金支付困难，愿意花钱购买无须等待的优先权。如果企业能在一天 24 小时中随时提供即时的服务需求，那么它注定能从相当一大部分缺乏时间的客户那里赢得忠诚。

快节奏的生活方式让现代社会的每一个人都几乎处于繁忙的状态，能够“偷得浮生半日闲”简直成了件快乐得不得了的奢侈愿望。每天面对繁重的工作和家务，面对频繁的应酬，哪里还有精力能用在消费购物上。繁忙的客户非常乐意送货上门等购物服务，对电话订购也非常喜爱，他们不愿将宝贵的时间用在购物这些他们认为的“生活琐事”上。这类客户日程安排非常紧凑，时间宝贵，对自己的时间相当负责，也希望别人尊重他的时间，对他的时间负责。

案例介绍

搞送货上门服务本来是件好事，可由于不注重顾客的时间，常常让顾客久等，顾客意见很大。本来选择送货上门服务的客户就是因为工作繁忙、时间紧张，为了节省时间的。如果让顾客久等，那么这项服务的意义就丧失掉了。在美国，很多公司的送货上门服务都外包给专业快递公司。在美国电视电影中经常能看到骑着自行车、甚至踩着滑板的快递员迅速地在大街小巷中穿梭，他们如果送货上门迟到了，是要赔偿顾客损失的，自己也要受到公司的处罚。

目前在中国，也出现了一些对顾客时间损失进行赔偿的企业。在设计院工作非常繁忙的王先生，没有想到由于时间被耽误而得到商业单位的经济赔偿。不久前，他到商场购买了一台洗衣机，因为大厦没能及时把货送出去，而赔付他误时费50元。王先生感到非常满意，他说钱是小事情，关键是他认为商家对客户的时间价值给予了充分的尊重。

案例分析

商场“赔偿”的感情投资，旨在缩短服务人员与顾客间的距离，形成相一致的具体行动，实现顾客享受服务目的和商业单位提供服务目的的一致，达到设立服务项目的初衷上的意义。这里的感情投资不是一个空间的概念，而是具体人与具体事在企业现实中的体现，不是站在逻辑思维的立场上，而是从原始思维本身的情感性出发，抓住了它本身的特色。在情感思维中，人们不关心事物的客观属性和特点，而是关心某种联系着的背后的东西，把事物看成是这种背后东西的媒介。

点子

向这类客户推销时，方法很简单，就是要动作麻利，绝对不能慢工出细活。也许由于售货员速度变慢，他就会嫌你“笨手笨脚”了。一般情况下，繁忙的客户是不会挑剔价格与品质，只要能满足他的“快”感，他就会感到满意。

比尔·盖茨说看到地上掉了一百美元他也不会捡，因为他弯腰捡钱的时间就会让他损失一百万美元。对繁忙的客户而言，时间就是金钱。为耽误客户时间而进行赔偿在中国可以算做是一种情感投资，因为这种情况在中国很少出现，会令客户感到意外，感到一种体贴的温情。还记得曾经看过一个案例，一个理发店提供秘书服务，为没有时间理发的客人一边理发一边处理工作上的事情，这未免有点夸张，但为繁忙的客户解决时间上的两难确实可以获得竞争优势。所谓急他人之所急，想他人之所想，当然会赢得客户的支持。就企业发展而言，最好的方式是将这些服务外包给专业公司。这样既减少了企业的工作量，同时又能提高服务质量，降低被投诉的风险。

企业可能为客户节省时间的方法：

1. 信用购物

信用贷款变得越来越普遍，消费者几乎可以用"先消费，后付钱"的办法去购买任何东西。许多银行甚至推出二次抵押，让一些消费者能享受到充满异国风情的假日旅行或买一辆名贵的跑车。

仅在美国就有超过 500 万套的信用卡读取设备；在世界范围内，每年大约流通着 4 亿张信用卡，完成 79 亿美元的交易额。这说明人们的消费观念已有了很大的转变，以前可望而不可即的一些事情，现在无须拖后即可实现，并从中享受到喜悦之情。

2. 随时购物

客户由于时间压力越来越大，他们需要一种能在任何地点、任何时间都可以购物的方式。淘宝、京东等网上购物节省了消费者花在购物途中的时间。客户总是在寻求能帮助他们节省时间的产品和服务。电子商务一旦能使这一过程变得切实可行，那么它可能就是消费者一直期待的理想购物方式。

3. 多样化购物

多样化的任务变得越来越平常，客户常常要从每天"疾驰而过"的时间里挤出宝贵的几分钟去完成一些事情。

客户在购物时，更愿意把所需的一切产品和服务集中起来，组成一个需求集合。这样，超市、商场、邮局、银行、电影院、加油站都联系在了一起。当然，互联网和电子商务能使人们无需离开家门便可购买到所需的任何东西，成为购物的一个最根本的途径。

4. 加快步伐

产品周期速度加快并且出现交叠，几代产品可能同时存在。为了满足客户对速度越来越快的要求，许多公司正在将其传统的商业运作方式转变为快餐店风格的运作。像电影制作，卖出股份到离婚和结婚等在内的一切事情现今都以一种较快的速度发展着。

5. 专家咨询

当客户把宝贵的时间花在不能满足期望值的产品或服务上时，他会觉得很浪费。为了保证他们的时间能得以有效的利用，客户经常会求助于专家，让专家告诉他们看什么、读什么、听什么广播节目，有什么值得看的电视节目，应该去哪些国家游览，不应去哪些国家游览，应该去哪些饭店吃饭，在家中应吃什么饭，喝什么酒。这种专家咨询经常在朋友圈以各种化身出现，相信每一个朋友都阅读过类似的共享文章。

47 对价格敏感的客户

对象了解

这类客户对价格非常敏感，包括对高价的敏感，即对过高的定价常有非议，认为不可接受；对低价也同样敏感，担心产品的品质；而最为敏感的是对价格的变动，调价在这类客户中通常会引起轩然大波。这个群体一般购买力水平相对较低，对价格容忍度差，对性价比的考虑不够理性，过多偏重考虑价格因素。

案例介绍

这是一则令人吃惊的案例，发生在海南岛的一家酒店。顾客用餐采用自己定价的方式。这一消息一传出，酒店很快变成了人们关注的热点。有人提出：如果遇到贪便宜的顾客怎么办？酒店的女经理说：“如果顾客来敲我的竹杠，我认了。

不过，我想这种人不会多，世上总是讲道理的人多。”

如果自报价高于酒店定价怎么办？女经理说：“坚决退还，我们不会多赚顾客的钱。”她举了一个例子：5 月下旬的一天，一批广州来的游客点了基围虾、多宝鱼、佛跳墙等菜肴。吃完以后，他们互相猜价，向服务员报出了 1600 元的价格，并说：“如果只收 1200 元，今后每次来海南便认准你这家店。”令他们非常意外的结果是，服务员却只收他们 980 元。这批时常出差的广州客人深感惊奇，说走遍大半个中国还没见过这样自定价格报价高了还退还的酒店。

半年的时间过去了，在酒店的账本上，记录了这样的一连串数字：180 天时间，接待顾客 20000 余批，顾客按酒店菜价结算的 15000 余批，另有 5000 余批由顾客自己报价，其中自报价高于酒店定价的 3000 余批，与酒店定价持平的 1000 余批，低于店价，但依然有毛利率的 912 批，只保住成本的仅 88 批。

酒店经理算了一笔账，在实行“顾客定价”之前，每天的营业额平均不足 1.5 万元，如今是平均每天都在 3 万元以上，虽说利润率总体上略有下降，但总的赢利还是大幅度提高。

案例分析

酒店进餐后客人自定价确实是件新鲜事。我们应该怎样看呢？通常来海南度假的人消费能力都比较高，再说顾客群也是呈正态分布的，诚实的人占绝大多数。关键在“价”上对顾客应该有一个客观的态度。高价退还，那么顾客报价的时候就不会担心报高了价，去掉了这层疑虑，又顾及面子不愿报价低了，那么一般情况当然是报一个自己认为偏高的价。这样做的实际结果是价格依然和酒店原本的定价相差无几，但效果却截然不同，顾客不可能对自己报出的价格持有不满和怀疑的态度，因而使得对价格敏感的客户欣然接受了酒店的价格。这种非常规思维的形成，其基本思维指向就是想常规思维之所不想、求常规思维之所未求，标新立异是企业非常规思维的境界和追求。

点子

实际上，只要做法得当，高价、低价都能接受，降价、加价也能接受，关键就看你定价调价的艺术。案例中这种让顾客参与定价的形式不失为一种好方法，当然我们要学习的主要是其中反常规的思维方式。就定价而言，曾有个案例中把其产品的定价定在中档产品和低档产品价格之间，把产品宣传定位为中档产品，让人们欣然接受了用接近低档产品低价的价格购买中档产品的观念。就调价而言，当年万宝路“减支不减价”变相调价策略也得到消费者充分的谅解，可见避实就虚也是应对那些对价格敏感客户的方法之一。

48 不再“爱”你的客户

对象了解

“兵无常势，水无常形”。消费者的喜好在不断变化，一旦你的产品不能及时跟上变化，被淘汰是不可避免的。

案例介绍

“王麻子”剪刀是北京传统拳头产品，拥有几百年的悠久历史，过去深受老百姓喜爱，但一直是作坊式生产，小打小闹。改革开放以后，各种进口的新式剪刀不断涌现，比如德国的“双立人”，韩国的“777”，台湾地区的金门菜刀，都迅速占领了市场，王麻子一度陷入破产的绝境。重组之后，王麻子企业痛定思痛，改变过去傻笨黑粗的传统形象，重新设计了礼品款，例如金灿灿的龙凤剪刀，制作包装非常精美，突出传统文化特色，重新吸引了广大年轻人的兴趣。王麻子企业还重点推广特色产品。比如王麻子的尖嘴剪刀锋利好用，其他品牌的剪刀根本无法与之比拟，深受广大甲沟炎患者的喜爱。许多外地人来北京一买就是七八把甚至上十把，拿回去赠送亲友，但过去渠道不畅通，推广不到位，老百姓就是买不到，于是王麻子企业就在北京各大商场开辟专柜，打响了传统国货的品牌，重新赢得了市场的青睐。

苹果公司在20世纪八九十年代风靡一时，与微软公司可谓并驾齐驱。但后来微软公司凭借视窗 95 桌面系列产品抓住了办公电子化普及与信息网络化爆发的巨大商机，风靡世界，比尔·盖茨也因此成为世界首富。与此同时苹果公司则频频出现战略失误，一度陷入困顿。最后创始人乔布斯重新出马，抓住客户的需求，着重提升苹果公司产品的个性化用户体验效果，开发出 iPhone4 等令世界痴迷的电子产品，重新赢得了客户的心。

过去在桂林有一个名叫白菊牌的风衣，在 20 世纪 80 年代初期在市场上卖得非常火爆。因为其新潮的款式和可靠的质量，曾一度吸引不少消费者。尤其是在广西，该品牌拥有很多的忠诚客户，国内的许多其他名牌服装厂的风衣都很难打入广西市场。

后来，服装厂在各地大批崛起，很多国外的名牌衣服也走进中国市场，白菊牌风衣却没有适应市场形势的变化，衣服的款式和质量都失去了竞争力，与其他产品相比，再也无法吸引消费者了。白菊牌风衣没有出路，只能在价格上体现优势，几元钱一件抛售，但还是无人问津。甚至在桂林，白菊牌风衣也不再被消费者所信赖，工厂一度面临破产的危机。

后来，风衣厂在惨败的痛楚中认真反思，增强市场观念，花大力气练好内功，引进了一批先进的设备，以技术设备的优势，开发了系列拳头产品，同时派出技术人员到国外学习，增强企业的技术开发能力。经过周密的市场调查和对时尚的准确把握，公司请国外知名服装设计师设计了几个非常流行的风衣款式，白菊牌风衣又为消费者乐意接受了，重新夺回了失去的市场，经过几年的努力，在国外也开拓了自己的市场。

案例分析

市场变化无常，如果企业不经常关注市场的变化，那么被市场淘汰是必然的事。面对不再“爱”你的客户，面对不再“爱”你的市场，如何自救，如何变通，如何把市场抢占回来，如何让爱回温？所谓情通则明，情况明了，就能心中有数，就能跳出圈子，有所突破。风衣厂在了解了自己的不足以后，情况就很明了，摆在眼前的是要改进技术，关注潮流和时尚的微妙变化，把握市场的脉搏。

点子

如何了解你的客户的爱好？了解女友的家人的爱好最简单的办法当然是问你的女友，了解你的客户的爱好则可以根据他的职业、生活习惯、娱乐活动，还可以根据轻松的问卷调查，“套牢”你未来的岳父母可以不惜血本，然而面对你的客户，商家则应该考虑到成本，以一些低成本又亲切、朴实的形式进行。最好的方法不是给他想要的东西，而是让他认为你和他有共同的喜好，你们是一个阵营里的战友。

记住：我们都是 fans。

49 对你没有兴趣的客户

对象了解

对企业生产的产品或提供的服务不感兴趣，对企业的广告和促销也没有兴趣，但却是企业潜在客户的群体。

案例介绍

★案例一：

一个新进推销人员，最为头疼的一件事就是在茫茫人海，何处寻找准客户。我访问了很多做推销的朋友，由于不知道上哪里找客户，上班以后印了名片，主管就叫他们去拜访。他们出了办公室来到街上时从口袋里掏出硬币，抛在地上出现正面就往东，背面就往西。往东往西干什么？去找谁？白白浪费了很多时间。下面我来说一则小故事。

有一个推销新人干了一周工作以后，因为找不到顾客，心灰意冷，因此向主管提出辞职。

主管问他：“为什么要辞职呢？”

他回答："找不到客户，没有业绩，只好不干了。"

主管拉着这位推销员走到窗口，指着大街问他："你看到什么没有？"

"人啊！"

"除此之外呢？"

"除了人，就是大街。"

主管又问："你再看一看。"

"还是人啊！"

主管说："在人群中，你难道没有看到许多准客户吗？"

推销员若有所思，恍然大悟，感谢主管的指点，赶紧努力去找顾客。

★案例二：

早期有一家巧克力公司的老板，十分注重掌握顾客的消费心理。于是，他利用青年人追求时尚生活的心理，通过一切宣传手段，培养青年人过"情人节"的习惯。

开始时，他宣布在"情人节"期间，购买巧克力糖果可半价优惠，并花去了不少广告宣传费，然而效果并不理想。但他认定这个战略方向，认为根据现时青年人的生活方向，只要坚持宣传"情人节"的消费理念，一定能培养出青年人过"情人节"的习惯。经过几年的努力，最后终于达到了目的。

现在每年 2 月 14 日"情人节"期间，青年男女之间互赠巧克力已成风尚，巧克力的销量大大提高。因此，该公司作为"情人节"促销活动的发起者，大受欢迎，巧克力年销量高达 8 万吨，年销售额 12 亿元，成为一家大型的巧克力公司。至于现在火爆全国的"双 11""5·20""6·18"等网络购物节日，其道理也如出一辙。

案例分析

近因效应，是指事情发生最后给人留下的印象，对人心理产生强烈的影响。

在案例一中，故事给我们的体会很深：顾客来自准顾客，问题是如何去找这些准顾客。如果能够始终维持一定量的、有价值的准客户，等于是向自己保证长时间可能获得确实的收入。准客户是推销员的最大资产，他们是推销员赖以生存并得以发展的根本。案例二中的这个公司不计眼前得失，认定“情人节”，大力推销产品，使产品“巧克力”对“情人节”产生效应，取得了近因效应。其过程真有点儿像蝴蝶效应的发现过程，一只太平洋西海岸的蝴蝶居然能引起太平洋东海岸的海啸。公司老板对这种抽象预期的执着，蕴含着营销中的科学态度。现在对你不感兴趣的客户不代表永远对你不感兴趣，只要他是潜在的客户，他有需求，那么只要你营销得当，总有一天他会购买消费你的产品。

点子

营销需要苦心经营。营销和销售的区别就在于营销比销售更宏观更长远地考虑问题，也更加整体性地考虑问题。要抓住对你不感兴趣的客户，靠短期的促销等销售工作是难以见效的，但通过长期的营销行为上的努力，则势必会成功。具体而言，如果客户对你不感兴趣，你可以做如下努力：

（1）如果你觉得你的客户不喜欢和你谈话，就花些时间去了解你的客户，了解他为什么对你不感兴趣。

（2）在销售前与每个客户都建立良好关系。以友好、专业的方式做事，关心客户的利益，对自己的行业做更多的了解。

（3）让每次谈话都成为客户的愉快经历。

（4）练习提高自己的沟通能力。对客户的意见予以回应，友好而又充满敬意。避免消极的反应，比如争吵或皱眉。友好关系就是找出双方的共性，在这个基础上建立互利的关系。

对你不感兴趣的客户实际上有很多却是你的准客户，只是你没有挖掘出来，这里告诉你挖掘准客户的几个原则：

（1）随时随地寻找准顾客，一个好的推销员要懂得随时随地寻找准顾客。各类的社交活动就是寻找准顾客的最佳时机，比如座谈会、笔会、演讲会、音乐会、喜宴、丧礼等。王小姐大学毕业后从哈尔滨来福州工作，在一家电脑公司做销售，初来乍到人生地不熟，她想了一个拓展人际关系的好办法，周六、日她必登山，音乐会、演唱会一定去，可谓每会必到，认识了很多准顾客，业务做得很红火。

（2）妥善建立和运用人际关系网。每个人都有自己的人际关系。推销工作就是建立良好的人际关系，把人际关系充分利用起来。优秀的销售主管对新进推销员做指导工作，其中重要的一项就是列出他所有认识人的名单。比如：亲戚、同事、同学、同好、同乡、同邻等等。然后从中选出不同等级的客户，一个一个地拜访。

（3）记得人际连锁效应。大家一定记得，大多数人结婚都会宴请10桌以上宾客，专家认为每个人背后都有250个朋友，而人天生有分享的习惯，这就是我们常说的好东西与好朋友分享。所以推销员要学会培养一些忠诚的客户，运用他的转介绍的力量获得更多准客户名单，逐渐裂变，一生二，二生四，四生八，这样会事半功倍。

寻找准客户方法简单，重要的是用心和坚持。市场是最大的教室，客户是最好的老师。要懂得在实践中多听、多看、多思考。

记住：山重水复疑无路，柳暗花明又一村。

50　有困难的客户

对象了解

客户在购买产品的过程中，可能存在所处地没有购买渠道，难以接近购买场所，暂时经济上无法承受而又急需等购买困难；或者使用过程中遇到各种技术上的问题或各种无法预测到的意外状况妨碍客户对产品的正常使用；甚至还包括客户在产品使用完以后遇到的一些因为产品的使用而造成的滞后的因难。有这些困难的客户面对这些困难可能放弃购买计划，也可能出于必须而克服种种困难打破购买障碍实现其所需，但这种情况下使得客户的购买成本加大，产生不满意情绪，无法成为企业的忠诚客户。只要其他厂商提供稍微有利的条件，他们就可能放弃目前的购买对象。

案例介绍

劳斯莱斯汽车闻名于世，是高档汽车的代表。英国一家生产劳斯莱斯汽车的制造厂也很有名气，这不但在于他们生产的劳斯莱斯车质量过硬，更是由于良好周到的售后服务。

至今还流传着一个关于该汽车制造厂的有口皆碑的故事：在非洲大草原上一个偏僻的地方，一个人驾驶着一辆劳斯莱斯汽车，突然发生了故障，动弹不得。这个人发了一个电报给英国的劳斯莱斯汽车制造厂，希望能得到帮助。出人意料的是，该厂竟然当天就派出一架直升机前来修理，很快将汽车修理好了。

汽车主人没想到会有这么高效的售后服务，非常感动，一番道谢之后，高兴地开起车回家了。到达目的地之后，他才想起还没有付汽车修理费。于是又打了电报询问修理费一事，但得到的回答却是“我们没有修过您的车！”

这个人后来才明白，原来劳斯莱斯汽车制造厂认为售后服务是理所当然的，卖出的汽车坏了，公司派人去修理是公司的义务，一般情况下是不收取维修费的，除非更换了重要的零部件。

还有一次，一名赶着去参加宴会的车主的车坏了，情急之下四处打电话求救都没有得到帮助，无奈之际想到了打电话给汽车制造厂。没有想到的是，厂商了解情况之后，居然派了一辆新的劳斯莱斯车过来先送这位车主赶去参加宴会。等车主的宴会结束了，他的车子也已经修理好了。

正是因为劳斯莱斯汽车不仅是高品质的汽车，拥有该汽车更是会享受到高档的服务，所以劳斯莱斯汽车才堪称真正的高档汽车。

案例分析

劳斯莱斯汽车制造厂精明待客，取得“有口皆碑”的理想效果，有了这个“有口皆碑”的理想效果又会招来更多的客户。这说明每一个果，都是前因之果，后果之因，似一条链条，环环相扣，都因为一定的条件，一面互相对立，一面又互相联结，互相依存、互相渗透、互相贯通，从而产生不同的彼此反证的效果。可见，企业应按一定的条件精活细做，权衡物质成本与名誉成本诸方面的得失，要把各个方面不可分割地综合考虑，依靠诚信经营、品质超群和完美的售后服务在竞争中取胜。

点子

客户在购买产品的过程中，如果遇到所处地没有购买渠道，难以接近购买场所，网购没货，暂时经济上无法承受而又急需等购买障碍，那说明企业的销售渠道建设有问题。如果遇到使用上的障碍，则说明企业的售后服务存在问题。这些客户困难的出现也正是企业改进自己的契机所在，企业可以在这些困难中发现不足和所存在的问题，给予全面的改进，变劣势为优势，在激烈的竞争中脱颖而出。

记住：企业应该是客户在实现自己需求道路上遇到的购买障碍和使用障碍等各种困难的“清道夫”。

51　注重企业形象的客户

对象了解

在选择企业作业购买和交易的对象时，以企业信誉作为是否入选的重要因素之一。企业信誉好，往往被理解为产品质量好，服务态度好，等等，当然地被列入候选之列。一个人说的话可不可信，做事可不可靠，跟他这个人的人品有着很大的关系；同样，一个企业的产品的好坏，服务的优劣，跟这个企业的企业形象有着直接的联系。这类客户往往看重企业平时处理事务时所表现出来的态度以及大众对企业的评价。

案例介绍

美国波音公司可谓是当今世界最有财力的大企业之一。有一次，加拿大航空公司的飞机因排气管结冰阻塞，发生故障。波音公司立即派工程师乘机飞到温哥华，不分昼夜地从事维修工作，最后把故障排除了，减少了航空班机的误点时间。这不仅感动了这家航空公司，还感动了众多的乘客。

1978 年 12 月，意大利航空公司的一架客机在地中海坠毁，航空公司急需一架替代客机。意航总裁诺狄奥向波音公司董事长威尔逊提出一项特殊要求："波音公司能不能迅速送来一架波音 727 客机？"当时订购这种型号飞机的单子较多，生产排期至少要等两年，但波音公司考虑到意航的特殊情况，在发货表上稍微做了一下调整，并要求公司把生产排紧一点。这样，意大利航空公司在一个月内就得到了这个型号的飞机，解决了燃眉之急。为了感谢波音公司的优良服务，意航决定取消购买道格拉斯公司 DC-8 飞机的计划，转向波音公司，一下子订购了 9 架波音 747 超大型客机。

案例分析

企业形象是如何树立的？如何打动注重企业形象的客户成为你忠诚的客户？它依靠你的产品质量，优质服务，特别是非例行情形下变通的应急服务。"雪中送炭"这类及时周到的变通应急服务，总是更具有感染力和亲近客户的共患难的感召力，重要的是还具有被广泛传播的新闻报道价值。没有什么比创造一段企业的佳话对树立美好的企业形象更为有利的了。波音公司正是通过提供及时周到的非例行服务，解决客户"燃眉之急"，为企业创造了一段佳话，赢得了意航的大订单。为什么《水浒》中的宋江能得到梁山好汉的拥护？因为宋江是"及时雨"宋江，在紧要关头救助了许多梁山好汉，有着被传颂的讲义气的好名声。做人如是，经营企业亦如是。

点子

其实树立良好的企业形象，往往利用"事件营销"之法，即把一些看似是企业麻烦的意外事件借题发挥，以诚实信用和商场中难得的热情为客户解忧，力图为企业创造佳话。企业形象搞好了，注重企业形象的客户冲着你的这个好形象都一定要给你下订单。

记住：做人要厚道，经营企业有时也要厚道。

52 关注公益的客户

对象了解

现代生活理念越来越强调个人和企业作为社会人所饰演的社会角色，人们越来越关注环保问题、健康问题、人文关怀问题、社会保障问题、青少年犯罪问题、文化问题等诸多社会问题，而在这诸多社会问题中，政府、事业单位、企业作为社会组织起着举足轻重的作用。因而更加受到人们的关注。企业对环保、健康、青少年心理影响等社会公益问题的态度成为影响企业形象的重要因素之一，关注公益的客户对企业的态度往往由企业对公益事业的态度决定。

案例介绍

★案例一：

日本古都奈良在青山环抱之中，既有金碧辉煌的名胜古迹，又有烂漫锦簇的樱花，加之现代化的文化娱乐设施和世界上一流的酒店旅馆，殷勤周到的服务，每年春夏两季游人如织，接踵而至。4 月以后，燕子也争相飞到旅馆檐下，筑窝栖息，繁衍后代。

可是，招人喜爱的燕子却有随便排泄的不懂事之处，刚出壳的雏燕更是把粪便溅在明净的玻璃窗上、雅洁的走廊上。尽管服务员不停地擦洗，但燕子的我行我素使旅店总会留下污渍。于是，客人不高兴了，纷纷找到管理人员抱怨此事，大有演变成影响效益的危机之势。

公关人员想出了一个解决难题的妙方——以燕子的名义给客人写一封信：

女士们、先生们：

我们是刚从南方赶到这儿来过春天的小燕子，没有征得主人的同意，就在这儿安了家，还要生儿育女。我们的小宝贝年幼无知很不懂事，我们的习惯也不好，常常弄脏你们的玻璃窗和走廊，致使你们不愉快。我们很过意不去，请女士们、先生们多多原谅。

还有一事恳求女士们和先生们，请你们千万不要埋怨服务员小姐，她们是经常打扫的，只是擦不胜擦，这完全是我们的过错。请你们稍等一会儿，她们就来了。

你们的朋友：小燕子

寻找欢乐的游客见到小燕子的信，都给逗乐了，肚中怨气也在笑声中悄然而去。一场危机就这样化解了。

★案例二：

赞助别人，也是赞助自己。许多企业把产品促销与赞助活动结合起来，获得了名利双收的效果。广告界人士为这种策略取了个平凡的名字，称之曰“赞助活动行销”。

美国运通公司可以说是“赞助活动行销”的鼻祖。其中特别值得称道的，是公司的行销主管威尔奇在1983年提出的新点子：运通卡持有人每持卡消费一次，运通公司便保证捐出1美分，作为筹措重新修饰自由女神的经费。最后累计结果，修饰自由女神像由此得到的捐款为170万美元。凭借这个赞助活动，运通公司不仅提高了知名度，而且还发展了不少新顾客。类似的创意也被国内许多公司成功借鉴，比如卖出每一瓶天然水就会捐出一分钱给……

案例分析：

案例一中，也许很多人还没有会过意来。其实，案例一中也体现了企业对公众事业的关心态度。保护动物可以说是现在的重要公益事业之一，追求动物与人类和谐共处，只是人类发展追求的一种良性健康发展，有这种发展意识的企业将会在客户眼中留下很好的公众形象。在美国，因为商家为了商业利益而破坏了动物的生活而引起消费者不满的事时有发生。所以案例中商家的行为得到很多消费者的支持，表现了商家关注公益事业的责任心。

在案例二中，企业的赞助活动说得上是“一箭双雕”赞助活动行销，只要是创意独到，这种行销方式的效率，比起投资巨大、繁杂无比，而结果却往往听天由命的各种媒介广告不知要强多少倍。同时，很多赞助活动都和公益事业密切相关，在赞助活动中，企业可以表现为对公益事业的关心，可谓是名利双收。

点子

由于环境问题、健康问题已经成为全球显著性问题，企业不得不应对，因而现在企业经过各种环保组织和世界卫生组织的认证已经成为广泛采用的方式。然而若要创造竞争优势，企业还必须具有前瞻性，对社会隐患问题在它还不具有全球显著性的时候优先予以关注，表达企业关注公益、具有社会责任感的态度。其次，企业在被动认证，应对政府例行检查之外还可以主动举办公益活动或者赞助政府举办公益活动。这样，企业就跳进了关注公益的客户的视野，甚至成为这类客户眼中的明星企业。

记住：上善若水，厚德载物。

53　缺乏购买力的客户

对象了解

缺乏购买力的客户是指暂时没有经济能力消费特定产品和服务的群体。缺乏购买力的群体也能成为客户？是的。缺乏购买力只局限于对你提供的特定产品或特定服务购买力缺失，但不代表对你提供的其他产品和服务也购买力缺失，也不代表对你同种产品或同项服务的变更购买方案的购买力缺失。你更应该想到的是，目前缺乏购买力的群体不代表在将来也缺乏购买力，你应该有长远的目光。

现时的看客，会是未来的顾客。这类客户其实是很容易掌握的隐性客户，因为这个群体有个潜在的想要消费的购买欲望，“想要得到但又得不到的才是最好的”，这种人性是你成功的契机。

案例介绍

英国伦敦的时装设计师乔安娜·多尼格是一位很能发现经营目标的有心人。有一次，她的朋友因为要出席皇家宴会而没有合适的晚装，紧张得如同热锅上的蚂蚁。这事令她感悟到，女士们遇到这一困境是很有普遍性的，这是英国社会现象的一种规律。

在英国，各种社交活动很多，人们经常举行大大小小的舞会、宴会、庆祝会、生日会等，人们参加社交活动，对穿着非常讲究。宾客讲究仪表雍容，女士们穿的晚礼服更是款式时髦，艳丽高贵。但是，不管多么华丽名贵，若连续在这类场合穿上三次，人们就会窃窃私语，穿者自然会感到失体丢脸。因此，无论多好的晚装，也只能显赫一两次。这样，不但使普通收入的人们忧愁，连有钱的人们也操心。对这样的奢华消费，几乎没有几个人是有充分购买力的，就算能消费得起，也是不划算的。但是，这样的需求在特定的社交环境下，却是不可避免的。如果付较少的钱，就能在一夜中穿上名贵的时装出席高贵的活动，这确是光彩又省钱的事，这成为许多人的共同心愿。

乔安娜有了这一想法后，做了大量的调查，找了不少妇女征询，证实了上述分析和预测是准确的。于是，她确定了开展晚装租赁业务的经营目标。她筹集了一笔资金，买回各种款式的欧美名师设计的晚礼服，价值每套由数百美元到数千英镑。她租出一夜的租金每套为75至300英镑，另加收200英镑的保证金。

果然不出所料，她的租赁生意十分兴旺，不少客人是由朋友介绍来的。也就是说，那些女士太太们毫不介意地告诉别人，自己的晚装是租来的，对此人们并不认为不光彩，反而觉得合算及明智呢！

乔安娜的这项业务越做越大，在伦敦开了两间店后，还越洋到美国纽约去开分店。现在，她除了经营晚装，还扩展到包括配饰、手袋、首饰以及肥胖者、孕妇用的晚装，乃至男士用的服装等一应俱全。她已由一个设计师成为一名富豪了。

案例分析

晚装租赁，乃至整个租赁经营，早已经成为一个行业为人们所熟知。然而租赁经营刚刚出现的时候，其中反映出来的营销精神，对潜在客户的把握，对我们营销思维上的启发却通常被营销者所忽视。“时装设计师乔安娜·多尼格是一位很能发现经营目标的有心人。”你有没有注意案例中的这句话——经营目标就是我们潜在的客户，而成功的营销人员就应该是能发现经营目标的“有心人”。从营销观念总结，这个案例给我们的启示是：企业卖的不是单纯的产品或服务，而是能够满足客户需求，而且实现效益最大化的销售方案。你如果想要成功，你就不能停留在出售单纯产品和单纯服务的层次，而应该将自己定位为一个出售销售方案，甚至是出售生活理念的高级销售人员。

点子

面对看客，面对过客，面对关注你，喜爱你却没有实施购买行为的人，建议组织一些调查，询问究竟是什么原因阻碍他们迟迟没有实施购买行为。是不是购买力的缺失？如果是，千万不要放弃他们。你可以为他们设计适合他们购买力水平的购买方案，这样不但可以促成交易，而且使你的客户感受到一种体己的温情。面对不同特点不同需求的客户，可以有多种多样的解决方案，比如现在购房购车的按揭方式。具体的方法是无法穷尽的，而且你肯定明白只有你独特的创意，在现时的市场上还不曾出现的方法才能为你带来成功，你应该努力做一个营销者中的“有心人”。

记住：缺乏购买力的客户对你的暗示——“多少次我又来到你的窗外。”

54 麻木的客户

对象了解

客户时间的缺乏常常意味着注意力的缺乏。除非客户能快速、容易地把某些信息弄清楚，否则，这些信息通常会被他们忽略，特别是信息与个人相关性不很明显的时候。他们也对广告的策略造成破坏，使得传统的说服方法不能再打动他们。

在未来的十年里，公司将不得不采取新的广告模式，以语言而非图像为基础，以便于捕捉新消费者有限的注意力。比如说，已经有一个广告设计师郑重地宣布她将使用激光把广告标语投射到月球表面上去。

媒体业的迅速发展，媒介类型的多样化，加之企业营销手段层出不穷，现在的商业世界简直就是一个商业信息泛滥成灾的世界。经常射击的人和酒吧以及迪厅工作的人容易听力下降，经常受到商业信息刺激的客户们，也容易对商家的各种花样失去兴趣，变得麻木不仁；而最容易变得麻木的人群恰恰是最有消费能力的人群，因为也恰恰是他们受到最多的信息刺激和信息困扰。他们对将自己打扮得花里胡哨的企业和产品表现得麻木，甚至是厌恶。

案例介绍

★案例一：

“一杯咖啡 5000 日元，难道也有人光顾吗？”

当东京的一家咖啡屋推出一杯 5000 日元的咖啡时，就连一掷万金毫无吝色的东京豪客也不禁大惊失色。

为什么这么昂贵？这是由于盛咖啡的法国杯子既名贵又豪华，每个价值 4000

日元。当你享用完咖啡回去时，店员就将它包好送给你。此外，每杯咖啡均是由名师在当场精制而成，味道可口而特殊，店里面的装潢更是豪华如宫殿，穿着古代皇宫服装的女侍，把顾客当成帝王般殷勤侍候着。

初次在好奇心驱使之下前来的客人，原以为来光顾一次，就会被这出奇的高价吓得不敢再来。但其实不然，来过一次的客人，对这种令人感觉身价百倍的气氛难以忘怀，因此下回就会带女伴同来。

★案例二

你见过豪华的总统套房，但你见过多豪华的卫生间？

香港丽晶酒店就有一个顶级豪华的卫生间。面对酒店行业的“客房革命”，香港丽晶酒店在酒店的缔造者罗伯特·彭斯先生的主张下，抛弃了传统的设计思想，在客房卫生间上狠下了番工夫。为此，他和设计师们考察、调研了欧洲、北美许多顶尖级豪华酒店，确立了以豪华和明亮宽敞为主的风格，将酒店建设成为全亚洲酒店的楷模。

丽晶酒店的客房卫生间成为新设计的突破点，彭斯先生决定给这个最容易被人们忽视而又是生活中最为关键的地方带来一个顶级豪华的意识。他把通常为12. 8平方米的卫生间扩大为36.58平方米，卫生间里镶嵌以淡粉色大理石，落地玻璃镜面，大大提高了常规照明强度。传统的“三大件”也有很大改变，增设了淋浴池，特制了一批低位扶手以照顾残疾或行动不便的客人。抽水马桶上加设了预热坐垫，人们不会再有热屁股碰上冷板凳的尴尬。浴盆的面积硕大无比，可以在短短几秒钟内迅速灌满水，足以供两人同时使用，还有独特的按摩功能。卫生间里还增加了化妆镜、洗衣台、吹风机、体重自测仪等许多设施，最让客人们欣赏不已的还是可以直接在浴室里远眺维多利亚港的迷人景色。

丽晶的超级卫生间被人们誉为“21世纪卫生间”，成为酒店最成功的“卖点”。

案例分析

一杯咖啡5000日元，当然要去看看究竟。由名师为你煮咖啡，享受帝王般的待遇，还送给你一个价值4000日元的名贵法国咖啡杯，除了有种“值”的感觉，你还能多说什么？躺在浴室里远眺维多利亚港的迷人景色，这样豪华的卫生间，你麻木的神经受到这样的刺激也会瞬间复苏。样样普通不如一项特别，抓住一个“卖点”就是为促销提供一个“亮点”。

点子

面对激烈的竞争，面对广告、促销的纷繁，如何打动已经麻木厌倦的客户，如何突出重围，如何刷新局面？那就是狠抓一个特点，把这个特点变成一个“亮点”，变成明星形象。打破条条框框，穿越原有的范畴，寻求新的突破点，给人们制造“惊艳”之感。比如，一家房地产公司的预售广告画面是一只孤傲的猫，寓指单身贵族，震撼之感油然而生。

除了从各种感观上用些耀眼的东西打动客户外，我们还可以用一些新的信息启发客户思考。麻木的客户通常有这样的说法：对于我们可支付的价格而言，我们现在用的产品是最好的；或者我们几乎尝试了所有产品，现在已经找到了最适合我们的产品；或者市场上的所有产品差不多都是一样的。要启发客户思考就必须传达给他们一些新信息，比如：我们已经发现了一些新的解决方案，我很想和您面谈一下，这些方案可能适用于您的情况或者最近一些研究信息很可能适用于您的情况，我很想和您见面了解一下您对此的看法。如果你有合适的产品，并且让客户了解到可以解决他的问题，这笔交易就非常容易了。关键是要有让客户感到新鲜的信息，让他们愿意了解。

广告打破客户的麻木，引起注意的常用方法。

1. 在意想不到的地点做广告

新经济时代里，对于任何我们想购买的东西，社会上都存在着大量的选择，并且每天之中大约还会有无数个广告争夺我们有限的注意力。考虑到这些因素，登广告者必须对客户个体进行明确具体的定位，或者用越来越小的单位对他们进行定位。

互联网作为未来广告的媒介当前正在进行大肆的宣传。为了抓住网上冲浪者瞬间的注意力，有一些广告机构在制作广告时，使用动画制作技巧，并且在广告标语中嵌入语音、音乐或其他元素，使广告变得越来越花俏。

一个更为激进的广告制作方法便是所谓的间隙式广告。这类广告通常在不加任何警告的情况下，打断电脑使用者。短期看来，这种对注意力的掠夺策略是有效果的，因为有结果显示，这种策略比传统形式的网上广告更能促使网上冲浪者转变为购买者。然而，长远地看来，以这种方式掠夺新消费者的时间和注意力会引起他们的反感和敌意，有可能导致新消费者产生更大的抵制情绪。

2. 更快、更巧妙、更能带给人视觉享受的广告

如果广告制作者使用更快的节奏和更多的图像而非语言来同观众交流思想、激发感情，将有助于他们制作出更加鲜明和适时的广告，以刺激观众的购买欲望，吸引他们的注意力。

3. 制作更多地从心理方面说服观众的广告

通过把有关客户个体喜好的信息和他们的心理关注点相联系，人们很快就能制作出比当今广告更具说服力的商业广告。其中的个体喜好信息可以通过客户喜好分析得到，而观众的心理关注点则可以通过对其脑部活动的分析得出。采取这种类型的广告应将重点放在自我价值实现上，与平白直叙类型的广告相比，更能对众多的新消费者产生号召力，它带来的效力是毋庸置疑的。

记住：“触电般不可思议，像一个奇迹，划过我的生命里，不同于任何意义，你就是绿光，如此的唯一。”这句歌词指导着企业广告策划的创意原则，同时是打破僵局、攻破冷漠麻木的客户的必胜法则。

55 认为自己没有需求的客户

对象了解

认为自己没有需求的客户不代表他们真的就没有需求，任何一个人都不可避免地有这样或那样的需求。那些认为自己不需要购买任何东西的客户，其实并没有意识到自己的问题。他们没有意识到如果使用了你的产品或服务，他们的生活会更精彩；他们不知道使用你的产品或服务会给他们带来好处——更强的可靠性、易于维修、低成本、付款条件合适、更为可靠或便捷的运输、高信誉、更舒适，以及产品经过改良之后安全性能提高了等等。

简单的例子

把积蓄投资到低风险债券上获取固定利息的人，没有意识到不断上涨的通货膨胀导致了他的利息收入贬值。一旦意识觉醒，他们就可能放弃低风险债券投资，转向你提供的有更高收益的投资业务。使用财务软件进行财务分析的金融经理没有意识到，对于同样的工作你的软件会比他使用的那个速度快 100%，这个时候他们也有需求，但他们或许不知道。

例子给我们的启示

如果与竞争者相比，你的产品或服务可以更好地满足客户需求，那么你向那些还没意识到自己问题的客户推销你的产品或服务，成功的可能性就非常大。发现客户需求会为你提供销售机会。找出客户需求，并尽自己最大的努力去满足这些需求，这就是人们曾经给予销售的定义。这个定义把销售过程分为两部分：第一就是找出客户需求，第二就是提出你的（产品或服务的）解决方案。如果你没有做咨询工作（也就是分析客户需求），你就无法成功完成销售工作。

点子

为确保在此种情形中取得销售成功，请遵循下列做法：

（1）成为客户的顾问。开始时不要谈论你的解决方案，使客户确信你想更多地了解他的经营情况。

（2）使客户承认他有需求。销售成功的关键就是让客户相信他有某种需求，当你从他的角度谈论他的世界时，他就会明白为什么应该和你洽谈，当你捕捉到客户对现状失望的那一刻，机会就降临了。

（3）围绕客户的问题安排洽谈策略。一旦你明确了他的问题所在，你就可以为这个客户拟定最合适的销售策略（所需要的洽谈次数）和销售计划（客户行为目标以及每次洽谈需要采取的行动）。

销售就是帮助客户满足需求。如果客户没有需求，那么也就不存在什么销售。发掘客户的深层次需求则是销售人员必须历练的重要一课。销售人员了解客户的需求至少要区分两个层面：第一是直接层面的需求；第二是潜在（深）层面的需求，也就是客户需求背后的需求。

销售在于细节制胜，“细节决定成败”。对于每天和客户打交道的销售人员来说，细节的观察与判断、把握非常重要。一个客户销售的达成往往决定在语言细节的把握，同时也可以通过客户不经意间表现出来的诸多细节发现客户的真实需求。

56 有疑虑的客户

对象了解

这里要讨论的是这样一种情况：疑虑。客户理解了你对产品的介绍、相信你的话，并且相信你的产品可以满足他的需求，但他担心买了你的产品后也许会有负面的影响。那些预计会出现的问题，有的确实具有很大的可能性，而有的则纯属人们的想象。

案例介绍

客户也许会这样描述他们的“疑虑”：

我担心会做出错误的购买决定；

我在公司的事业发展就全靠这笔交易了；

我的生意很小，如做了错误决定我就会破产。

在上述例子中，每个客户都在想，如果做了错误的购买决定，他个人就会在某个方面受到伤害。但是这种疑虑也可能与产品有关，比如科技发展那么快，让人很难决定是现在买还是再等上一年买更好。或者还有其他的疑虑，比如对企业的怀疑，如果这个产品供应商才刚刚起步，如果我用了他们的系统，而他们又破产。

这些客户并不认为你在撒谎，他们只是认为存在着一些其他情况，这些情况可能在他们的控制之中，也可能不受他们的控制，而一旦他们买了你的产品，这些情况就可能会产生危害。

案例分析

至此，你应该充分掌握了有关信息，这些信息是成功管理购买行为的基础——它包括你从客户那里收集的信息，以及客户从你这里得到的信息。幸运的是，这些客户通常会把他们预料到的问题告诉你，这样你就可以采用相应的对策来解决了。

点子

帮助客户消除购买疑虑，会给你带来更多的销售额。因此，碰到有疑虑的客户，你可以在你的销售策略中加入下列措施：

（1）认清客户的疑虑。当客户表现出担心时，对他的正确答复不是“你不用担心这件事”，而是明确客户担心的事情，这样就可以向他提供正确的解决方案。

（2）向客户阐述该产品会带给他的益处。向客户强调购买该产品后他会在短期内获得的益处，而不是长时间后他有可能遭受的损失。必须始终明白，天底下没有完美无缺的事情，选择来自比较和权衡利弊。

（3）邀请客户实施购买行为。在对客户疑虑的事进行解释后，一定要问一句："这样说消除您的疑虑了吗？"如果没有消除，就再解释。如果他们的疑虑已经消除，就可以让客户实施购买行为来推进销售进程。如果生意最后未能成交，其原因主要是因为理解模糊或不准确。

57 "爱"你的客户

对象了解

"爱"你的客户，就是现在已经购买你的产品，享受你的服务，并对此感到满意的客户。"爱"你的客户不像恋爱中爱一个人一样可以宣称"没有理由"。客户选择一个企业，作为消费对象，肯定是出于理性的原因的。企业要维护这种良好的客户关系，就有必要了解客户选择你的原因，坚持并改善这些使客户满意的条件，提升客户忠诚度。这里所说的切莫错过，是指客户关系维护问题。待开发的客户切莫错过，已开发出来的客户，更不能错过。

案例介绍

有一家皮具公司生产的各种皮鞋、皮带、皮包、皮沙发，因其选料一流，款式新颖，工艺精湛，受到国内外客商青睐，在市场上成为抢手货。该公司不像一般厂家那样顺水推舟，对其热销产品采取大批量生产的方针策略，而是将产品销售控制在一定限额内，让一部分消费者在一定的时间内购不到该产品，使市场对其保持一种渴求状态。

结果，不少顾客宁可等上一年半载也要买他们的产品，该公司也因限量促销著称，在世界商业舞台百余年盛名不衰。

案例分析

经营就像谈恋爱，真心相爱的恋人不用天天粘在一起，真心想买你的产品的，真正有需求的客户也不用通过降价、打折、买一送一来控制。该企业深谙商战之道，以退为进，欲擒故纵，也对产品实行了限量营销，成功地制造了一种产品在市场上稀缺的紧俏状态，激起消费者强烈的购买欲。饥饿营销吊消费者的胃口。当然，降价、打折、买一送一并非不可取，相反，在客户的需求还不是处于必需状态的时候，或犹豫的当头，这些策略还是非常有效的。

在这里，是特指“爱”你的客户，即确切地决定了要买你的产品的客户，这个时候你不妨自抬身价，体现你独一无二的重要性。恋人之间，只有互相感到独一无二的重要性，才会分不开，企业与客户也是。

“只有互相是上帝，才会有天堂。”

点子

在案例中，强调了一种供需关系对客户关系的情感影响，为了保持并提升客户忠诚度，制造互相需要这种情势是有必要的。经营客户关系有时就像“谈恋爱”，感到彼此需要和不可缺少是非常重要的。

同时维护客户关系还必须注意到服务公平性问题，包括结果公平性，程序公平性，交往公平性，既要让客户感觉到自己的重要性又要让他们了解到企业与不同客户之间在人际关系纽带和情感纽带上的公平性，从而保证客户对企业的信任感。

58 贵客

对象了解

贵客就是企业的关键客户，大客户，是企业的VIP。同时，贵客也指一些虽然不经常光顾，也不会大量购买，但却身份地位尊贵，其光顾将对企业形象有重大影响的客户。

案例介绍

★案例一：

台湾地区曾经有一个汽车销售公司，生意暗淡。每个月卖出的几辆汽车连维持店面都不够，更不用说赚取利润了，车库里一排排积压的汽车成为公司经理的一块心病。

为此，公司特地请来了一位销售管理专家，专家通过调查分析，认为既然传统的经营手法不奏效，便来一个反其道而行之。公司的客户主要是经济相对宽裕的人群，对他们进行让利促销，还不如先避开金钱或许更能奏效. 专家建议开设汽车俱乐部。公司经理采纳了专家的建议，开设了一个汽车俱乐部，并广为宣传。公司开设的俱乐部有很多优惠加入俱乐部的会员的待遇。俱乐部规定：凡加入本俱乐部的成员，享受免费参加俱乐部举办的一切活动，享受免费维修服务。此举一出，果然立刻赢得广大玩车族的拥护和响应，第一批会员就超过百人。

俱乐部开张那天，百余辆汽车在城里游行庆祝，使得公司的名字一时间家喻户晓，而且当天就有人到店里换车，半天工夫就卖出 12 辆。公司又针对玩车族爱争胜负、爱体面、爱显身份、爱好郊游的心理，自筹资金组织了一次更具规模的跨地区汽车大奖赛。此项赛事吸引了大批参赛者，多家新闻媒体和电视台应邀前来采访报道，公司一下子成为了新闻报道的对象，成为了一时的明星企业，可谓名气远播四方。不到一年，公司的汽车俱乐部变成了本省的汽车交流中心，并在各地都设立了分公司和俱乐部的分部。

一时间，玩车族中无论多么名贵的车，多么有身份的车主，没有加入公司俱乐部的，没有经过俱乐部的认可，似乎就不算入流。许多汽车厂家也因此看好公司的俱乐部，纷纷和公司俱乐部签订了长期供货合同。同时，公司还为俱乐部出资创办会员刊物，发表车迷自己的看法和大家都感兴趣的话题，更使车迷们倾心留恋俱乐部这一方天地。随着俱乐部的成长和各项活动的开展，俱乐部的名气甚至超过了公司，成为当地著名的汽车俱乐部。当然，公司在俱乐部的盛名之下，销售量也是大增，成为台湾地区大型的汽车销售公司。在各种汽车赛事中，该公司都是赞助商之一。

★案例二：

毕坚商店，这家商店不同于一般的商店那样敞开大门接待顾客，而是大门紧锁，警卫森严，每次只接待一位顾客。至于顾客是谁，什么时候光顾，都是严格保密的。

毕坚商店是以接待各国政界要人、王公贵族、超级明星和极为富有的豪绅作为消费者来塑造自己的企业形象。在这家商店里，一套衣服至少要卖2万美元，一瓶香水的价格是1.5万美元，一个床罩也要卖9.4万美元。大家把这家商店出售的商品称为“毕坚”，以拥有其商品而自豪，据说全世界有59个国家和地区的富豪、贵人将大量的钱花在这里。

西班牙国王卡洛斯、约旦前国王侯赛因，以及世界上一些著名的歌唱演员、电影演员都曾经光顾过这家商店。

由于这家商店的商品价格昂贵，每次只是接待一位顾客，加上对上门的顾客严格保密，因而增加了商店的神秘感，那些世界富豪们反而趋之若鹜，预约的名单排成了长队！

案例分析

案例一中“一时间，玩车族中无论多么名贵的车，多么有身份的车主，没有加入公司俱乐部的，没有经过俱乐部的认可，似乎就不算入流。”案例中这一句话，很有分量地说明了俱乐部在对贵客的营销中所起的不可忽视的作用。贵客总是希望感觉到自己地位上的尊贵，而像会员和VIP这样的身份认证正是投其所好的妙招。你想想，同是买汽车，在品牌、价格同等的情况下，有谁不愿意到该公司，到该俱乐部指定的销售点去买呢！作为尊贵的会员，享受贵客的高级待遇，又有谁还会去别的地方消费呢！

案例二中这家商店利用的正是“物以稀为贵”的促销策略，抓住了消费者标新立异、别具一格的消费心理，更凸显了客户的尊贵身份。

点子

如何抓住贵客，这是企业客户关系管理中的一个重要问题。贵客，对公司而言，我们感到他们对公司的价值，因而冠以“贵客”之称。要抓住这类客户，我们也要让他们感到对公司的价值，感觉到自己尊贵的身份和地位，感觉到高级的客户待遇。类似于身份认证的会员管理是个不错的作为贵客的客户管理办法，因为在这种情形下，公司对每一个客户都有特定的身份认定，因而可以根据各个客户的具体情况提供特别的服务，让客户感觉到自己的重要性甚至是唯一性。

记住：贵客，“你是唯一的！”

59 没有直接购买力的客户

对象了解

孩子，就属于没有直接购买力的客户。他们的消费支出由父母负担，自己并没有直接的购买力。没有直接的购买力，是指购买时支出的成本不是自己的经济收入，而是他人（包括家人或者朋友）的经济收入。没有直接购买力的客户往往是最有影响力的客户。除了孩子以外，成人的超前消费行为中，其购买力也是通过他人或者金融机构实现的，其本人也不具有该消费的直接购买力，其购买力属于依赖亲属关系或社会关系的间接购买力。

案例介绍

一位美国主妇曾絮叨过这么一件耐人寻味的事情：

六个月前，她们七岁的女儿过生日，要母亲买一个椰菜头洋娃娃（这是美国很有名的一种洋娃娃）给她作为生日礼物。她当时想这个洋娃娃并不算很贵，和其他洋娃娃也无区别，只是女孩子很普通的玩具，因而很高兴地答应了，花费了12美元，买下了洋娃娃，满足了女儿的愿望。

椰菜头洋娃娃买回家了，她也很快忘了这事。直到有一天，女儿回家对她说；“我的小椰菜头娃娃需要一件长睡衣并换一个合适的发型，她已经长大了。”

“你妈咪也需要一件。”她回答。

“妈咪，可是我的娃娃的长睡衣只需要花费10美元，商品供应单上有的，价格都明确标示了，你是可以为我做的，不是吗？”女儿竟然哭了起来。

“什么商品供应单？”母亲非常地惊讶。

“你送给我的生日礼物，小椰菜头带回来的那张啊。”女儿不解地看着她，不开心地嚷着。

母亲接过附在洋娃娃包装盒里的那张单子，哦，上帝！他们用意何在？他们让你只花12美元买一个洋娃娃，却让你花更多的钱为她买衣物，甚至于还要为这个玩具再去买玩具娱乐时用的玩具，真是叫人哭笑不得。

单子上总共开列了约300种时装，从溜冰裙到貂皮夹克，甚至到耳环等首饰，一应俱全。女儿还说，一个女孩在她的同伴中的地位，甚至取决于她的小椰菜头娃娃有多少衣服，这真是令人感到不可思议。

母亲没办法只好带着女儿又去了那家商店，花了20美元给她买了套漂亮的衣服，花了近45美元把她的小椰菜头娃娃精美地打扮了一番。

为了这个小椰菜头洋娃娃，她们很快就花去了近600美元。

“我真担心这还没完。”这位主妇牢骚满腹，她管椰菜头洋娃娃叫“吃美金的洋娃娃”。而椰菜头娃娃在美国，甚至日本和香港地区的销量都是令人咋舌的。

案例分析

这是一个非常传统的案例了，很多书籍中主要就儿童心理研究对消费的影响来讨论这个案例，强调只要抓住了儿童天真、率直、善变、爱幻想、富于同情心等特点，那么就能打开儿童消费的钱袋。在这里，我们主要分析解决儿童消费间接购买力的问题。在儿童消费中，儿童没有直接的购买力，如何让没有直接购买力的消费群体顺利地获得间接购买力的支持呢？

在案例中，在家庭主妇的抱怨声后面，我们仿佛可以听见狡黠的玩具商得意的笑声，他之所以能够使得没有直接购买力的小女孩为了玩耍用的洋娃娃而让其母亲掏了600多美元，就在于采用了类似于三国时期诸葛亮所使的“草船借箭”战术，没有直接购买力的孩子就像是一艘草船，如何让没有直接购买力的孩子获得间接购买力的支持，就好比利用这艘草船去借箭支。玩具商通过一张似乎无关紧要的附带供应单，借小女孩之“草船”，使得这位家庭主妇掏钱，为洋娃娃添置衣服，甚至“结婚”“乔迁新居”以至“生育孩子”。试想，要是玩具商从开始就把这些玩具系列配套推出，那位家庭主妇能如此慷慨解囊吗？

点子

在针对儿童群体的营销策略中，如何让儿童喜欢上你的产品是儿童心理研究的挑战。而如何让儿童的监护人心甘情愿地掏腰包，则是如何“草船借箭”，解决儿童没有直接购买力而依赖于间接购买力的问题。“草船”为什么能借到箭？因为敌人以为是军队。敌人又为什么会以为是军队？因为大雾的天气。企业要使得没有直接购买力的群体成功获得有购买力的群体的支持进行消费，就在于制造一场“大雾”。也就是像案例中那样迷惑一下客户，“放长线钓大鱼”，将真正的销售内容滞后，抛砖引玉。

60　有“忌讳”的客户

对象了解

“忌讳”，有的是出于风俗习惯。我国有56个民族，每个民族都有自己不同于其他民族的风俗习惯。就算是同一个民族，比如汉族也因为地域上的差异而存在很多不同的风俗习惯，很多风俗习惯同时又是一种“忌讳”，如果你不遵从这种风俗习惯，就是犯了别人的“忌讳”，得罪了人。另外，在风俗习惯之外，个人还有各人不同情况的“忌讳”，比如有些人由于特殊的际遇而“忌讳”他人提到一些生活上或经历上的一些特殊事件或特殊的日子。一个人群的“忌讳”或一个人的“忌讳”都好比他们的一根脆弱的神经，这既是企业可能遇到的危机，也是企业可以善加利用的契机。

案例介绍

战国时有一个商人，经营帽子、衣服和鞋袜。有一次，他来到齐国一个以前没有开发过的新地方开展新的生意。他带来了当时在秦国畅销的紫色长袍和褐色鹿皮靴，但是这些商品在这里却一件也没有卖出去。

商人很奇怪，为什么齐国人对这些畅销货不感兴趣呢？后来，有一位在信陵君门下的食客来商人家做客，见商人一脸的愁苦相便询问出了什么劳心的事，商人便将实情告诉了他。原来，在秦国，紫色是王公贵族穿的衣服，是高贵的象征，秦国人视紫色为高贵的色彩，所以紫色的衣服在秦国为贵族们所喜爱，因而成为畅销的商品。但是，在齐国白色才是王公贵族们喜欢的色彩，他们都穿白色的衣服，紫色衣服只有在发丧的时候才有人穿，平常是人们“忌讳”的一种颜色，所以商人手上为王公贵族们设计的衣服在齐国根本就卖不出去。同样地，秦国人以褐色鹿皮靴为尊贵，但齐国人却不以为，他们以黑色的熊皮靴为贵，认为鹿皮靴是仆人和平民穿的低贱的服饰。

商人感到非常的失望，客人便要求看看他的货物，发现货物做工非常得好。于是他告诉商人不要灰心，他的东西做工精细，只要颜色和质料迎合了齐国人的胃口，一定大有市场。

商人按照客人的说法，制作了一批白色的长袍和黑色的熊皮靴子到齐国来出售，果然大卖，把上次的损失挣了回来，还赚了不少银子。

案例分析

案例中，商人的货物卖不出去，就是因为他不知道他的商品犯了齐国人的“忌讳”，当然是不会在齐国人那里受到欢迎的。有时，顾客有心有钱购买某种商品，只是不满意眼下的产品，产品犯了顾客的忌讳，也很容易引起顾客异议。如果厂商迎合顾客的风俗习惯，而避开其忌讳，就可能使产品畅销。秦国和齐国在战国时代是不同的国家，但就现在而言也只是同一个国家不同的地域，所以在国际营销中要注意外国客户的民族风俗习惯，在国内营销中也要了解不同地域的人群中不同的各种特色的风俗习惯，以免犯了客户的“忌讳”，得罪了客户还丧失了大好的挣钱机会。

点子

就像前文中所说，客户的“忌讳”也就是客户的一根脆弱的神经。如果你触碰了这根神经，客户可能会勃然大怒，但如果你抚慰了这根神经，你就会得到客户的极大认同。面对有“忌讳”的客户，首先就是要通过各种渠道了解他们的风俗习惯，了解他们有怎样的“忌讳”，然后根据他们的“忌讳”，为他们量身定做不触犯他们“忌讳”，而且“方便”他们这种既存的风俗习惯的商品和服务。

记住：己所不欲，勿施于人。

61　热情活泼的客户

对象了解

此类顾客非常热情，他们是极佳的合作伙伴，但他们过于关注关系，对其他人的情感和需要十分敏感，由于过分受后者的影响，以至于不能顺利地完成任务。所以销售人员应维护他们的感情，表明个人的兴趣，准确地阐明目的，当不同意时，转而谈论个人意见和好恶，以不拘礼节而又缓慢的方式继续进行，显示在“积极地”倾听，并向他们提供保证。

这就需要你在向他们推销的时候，应该懂得发展信任和友善，不仅探寻业务上的需要，而且研究他们在思想和感情上的需要。在对待他们的时候，要注意怎样有利于彼此的关系并能加强他们的地位，并能转达别人对他们的赞扬，或是赞扬他们与人相处融洽的能力；要充分了解他们的感情，可通过提问或倾听的技巧把他们的话引出来，为他们创造一个放松的环境。

此类客户爽朗、积极、乐观、干脆、率直、决断力强，处事迅速敏捷，容易相处，但较无耐心，且略显粗心大意，感情用事。他们在面对销售人员时容易被说服，不令销售人员难堪。这一类客户表面上是不喜欢当面拒绝别人的，所以要耐心地和他们周旋，而这也并不会引起他们太多的反感。对于性格随和的客户，销售人员的幽默、风趣自会起到意想不到的作用。如果他们赏识你，他们会主动帮助你销售。对此类客户适合培养友谊，建立日后业务关系。

如何抓住这类客户

此类客户的优点是热情并且幽默。他们很容易适应一个变化的局面，不管谈论的话题是什么，总是有话可讲，并且常以令人感兴趣的方式把话讲出来。但是他们的弱点是优点的延伸，有时表现得过甚，就会被视为矫揉造作或“装腔作势”；他们不注意细节，对任何单调或是必须单独做的事情都容易感到厌烦。

针对他们的这种特点，在向他们推销的时候，应该表现出关心他们，并令其激动和营造气氛；有时间要让他们讲话；坦率地提出新话题；研究他们的需要与目标；用与他们目标有关的例证或经历，提出售货员自己的解决办法；用书面形式确定细节；清楚并且直截了当；赞成他们的想法或意见，不要催促讨论；不要争论或是协商细节；用书面形式归纳双方商定的事情；使推销谈话变得有趣并行动迅速。

如何让这类客户免费为你推销

人与人之间存在着一种无穷的力量叫作口碑，因为口碑在人与人之间流传的时候它是本着人类分享的天性，以一种无私、无利润的形式存在，所以当口碑在传递的时候不仅公平，而且速度极快，最重要的是这样的口碑会让我们在消费者的身上获得“相信”这两个字。你一定也有过这样的经验，告诉朋友哪一家餐厅很有特色，哪一家小吃店口味很好又经济实惠，哪一家服装店正在做促销打折，哪一家咖啡厅的气氛很好，服务态度又令人满意，你会主动告诉别人或是在他人有需要的时候提出意见来，并不是因为你可以从中获取到利益，而是单纯地提供意见，单纯地想要帮忙，单纯地把你的感受说出来，也就是因为这份单纯所以才会拥有无私分享的力量。

实践证明有几种方法可以创建良好的口碑，这里提供给读者作为参考，如果你喜欢，你可以让这些小事变成你每一天销售生活中的工作内容，当然你也会发现你的客户会在不知不觉当中越来越喜欢你了！

多做一些贴心的小事，客户的需求中有一样需求叫作“感受”，这是销售中很难去捉摸，但是在成交的过程中又是具有决定性的关键因素。如果可以创建客户良好的感受——对商品的感受、对公司的感受，尤其是对你的感受，那么这些感受便会在关键的时刻发挥出力量，所以要成交并不难，先把每一次客户与你接触时的感受营造好，让这些好的感受变成你成交时的小天使！

（1）在平常的语言上让他知道你不只是跟他做生意而已，你跟他一样也很关心他的生活和生意状况。

（2）给他提供与他生意有关系的信息，这些信息在网络上一定可以查找许多，帮他打印下来作为你关心他的证据。

（3）随时帮客户留意跟他业务有关的生意机会，甚至积极介绍生意给你的客户，相信他会喜欢跟你做生意，因为你的出现常常会帮他带来好消息！

（4）客气地提出你的意见供客户参考，表示这是你经过思考的结果，不管客户采用与否，你所花的心思会在客户心中留下美好的印象。

（5）先不要只是关心他能为你做些什么，先关心以你自己现在的能力可以为客户做些什么，让他花钱成为你客户之前先得到收获。

（6）善用感谢函，让这封感谢函成为他公司的重要资产，感谢函的内容要经过设计，让他能够依据这封信去教育公司员工或是开发客户，或是其他的功能。当然也可以使用精心设计的微信和短信来表达类似的情意。

客户如果愿意开口帮你说话，那么他所说的那句话的力量可能会比你自己说的一百句有效，因为他那一句话的力量就是来自真正的分享，你的客户愿意帮你做免费的宣传吗？你的客户愿意成为你免费的业务员吗？如果不，那就要共同勉励共同加油了，因为这是我们共同的目标！

62 害怕购买风险的客户

对象了解

现实中，无论人们购买什么产品或服务，从购买简单的生活日用品到采购成套的生产设备，都会投入一定的时间和精力，包括收集有关信息，进行不同产品的分析比较、评价，从而在形形色色的产品中做出选择。购买的产品或服务的价值越高、对购买者利益影响越大，他们选购时所花费的时间、精力、财力就越多。

这些都是因为顾客在购买任何产品或服务时，都会面临各种各样的风险。作为消费者，我们人人都会意识到这种风险，总会在不同程度上担心价格的合理性、产品的安全性和效用等等。

现如今很多中老年人不愿意体验网上购物，其中原因除了不善于手机操作，还有一条就是对网上商家的不信任，害怕上当受骗。假如他们知道在淘宝和天猫购物是可以无理由退货，相信中老年人一定会纷纷成为银发“淘”族，毕竟购物方便、价格优惠的便利条件是极具诱惑力的。

案例介绍

华为售后服务承诺

致：×× 银行股份有限公司

华为技术有限公司作为制造商郑重承诺：对于贵方 ×× 银行股份有限公司办公大楼建筑智能化工程设计与施工项目中由我公司授权经销商所提供的我公司生产的设备，在中国大陆区域（不包含香港地区、台湾地区及澳门地区）将按照本承诺函规定自发货后 3 个月起提供三年保修服务。

在保修期内，我们将对产品的主要的部件或模块承诺提供以下免费维修服务。

（1）电话咨询服务：对于客户在维护中碰到的有关设备技术、业务的一般性问题，华为服务设立客户服务响应中心提供咨询服务（400-8302118）。

（2）电话技术支持：客户在维护设备过程中，遇到自己不能解决的问题时，可向华为服务人员提供出服务请求。华为服务人员通过电话支持服务进行响应，帮助客户进行故障定位，并提出解决方案，最终知道客户排除设备故障。

（3）远程技术支持：客户在维护设备过程中，遇到自己不能解决的问题时，向华为服务人员提出服务请求。对于通过电话支持服务不能解决的问题，华为服务在征得客户同意后，通过远程终端登录到客户申告问题的系统中进行调查和收集数据，然后进行故障诊断，知道现场维护人员排除设备故障。

（4）紧急故障排除服务：客户遇到设备出现严重影响系统可用性问题，通过400电话或传真向华为服务寻求支持，华为工程师以最短的时间进行系统恢复。

（5）软件升级补丁：华为提供升级补丁，用于弥补漏洞或修正软件缺陷。

（6）故障件返修服务：指客户设备在运行期间的硬件发生故障，华为为客户提供硬件维修服务（外购件除外）。

在保修期满后，原保修期内享有服务自行终止，如用户需要华为继续提供服务，可通过签订技术支持服务协议，华为公司将根据此协议约定提供服务。

承诺方：华为技术有限公司

承诺日期：20××年8月25日

小例子的启示

为什么企业需要做出承诺呢？

企业对顾客的这种承诺，是尽可能减少顾客的购物风险，最大限度保护和满足顾客利益的客观需要。然而，在实践中很多企业都在宣传产品和服务的好处，却忽视这种购物风险的担忧程度对顾客购买行为的影响，从而忽视了企业的承诺。

点子

如何提出合理承诺?

承诺的新创意与特色可以来自新产品和新服务，在此，新产品并不是指新发明的产品。事实上市场上经常出现的新产品往往是一种改良产品，即对产品的设计、成分、性能等在一定程度上进行革新的产品，或者只是使用一种新品牌的产品。只要使本企业的产品能给顾客带来某种新的利益，就能创造一种具有新意的承诺，从而引起顾客的注意和兴趣。

还可以通过调整价格和服务及促销的内容等使企业承诺具有特色和新意。

承诺必须有的放矢，抓住消费者的关切点。但是，承诺并非越高越好，盲目的高承诺会适得其反，不仅降低企业的利润，而且让企业承受压力。因此，必须在承诺中平衡好各方面的关系。

企业制定并履行承诺的最终目的是为了使顾客满意，所以，企业的承诺要有足够的优势吸引顾客。但是，如果企业的承诺过高，反而会降低顾客满意程度。如果产品实效低于购买者的预期，顾客就会感到失望；如果产品的实效与预期相一致，顾客就会得到满足；如果产品实效超过了购买者的预期，顾客就会得到更大的满足或非常满意。

做出合理的承诺应当考虑到以下几点

（1）企业不应该一味地追求更高承诺，以免使顾客因期望过高而产生不满。

（2）最好使企业的承诺具有新的创意与特色以区别于竞争者的优势来赢得顾客。争取第一是取得竞争优势的重要法则，给顾客第一的印象比更好的产品要深刻得多。

（3）低价承诺可能面临着高风险，关键是让顾客感受到他们的高付出可以得到切实的高回报。

（4）选择重点顾客提供并履行承诺是最佳选择。

第四章

从客户反馈信息挖掘客户

63 发牢骚抱怨的客户

对象了解

发牢骚抱怨的客户包括私下里发牢骚，或转而对别人抱怨或者是投诉未解决时大发雷霆。发牢骚抱怨的客户也存在不满意程度上的区分，最不满意的是投诉未解决而发牢骚抱怨的客户，另外是确实不满意想要投诉却是有所顾忌而没有投诉（比如怕麻烦或怕起诉要花费成本），只是发牢骚抱怨的客户，还有一部分客户就是有凡事喜欢唠唠叨叨的习惯，并没有多大的不满意存在。

此类客户多半心中有不满的事，无法宣泄，无人倾诉。处理方法，先要耐心倾听对方的牢骚，并表示赞同，给予关心并代为打抱不平，和对方心连心后，再谈业务主题。

案例介绍

美国的超市行业竞争相当激烈，一些公司想方设法创造服务新招，以争取顾客。有一家专营日用品的小超市，由于生产厂家常出纰漏，顾客要求退货换货的事层出不穷。

消费者买了东西发现有问题，多是直接去找专柜小姐（售货员）要求退换，而专柜小姐为了省麻烦或怕影响业绩，多半是采取防御、抗拒的态度，自然容易得罪顾客，留下不良印象，使得顾客从此不再上门。如果不予理会，疏远顾客，实在是对超市形象的巨大损失。而其中令公司损失最大的是顾客被得罪后，采取不登门的态度，告知亲友，这样一传十、十传百，对超市的损害实在太大了。于是，该超市设立了“顾客抱怨中心”，派专人直接处理顾客的抱怨、退货、换货问题，而无须通过专柜。这样，既不影响专柜小姐，又令顾客满意，提高了服务质量，重建起消费者对公司的信心。该公司采取了这一招，果然扭转经营局面，营业额直线上升，其他企业也纷纷效法。当然，在笔者看来，淘宝店的无理由退货制度其实是最符合人性的安慰办法。

案例分析

“烦恼”作为经营产生的知觉认识，经销者对“烦恼”处理得好不好，将会影响到企业在市场竞争中的形象。但是，从另一个角度来说，顾客的“烦恼”愈多，说明服务改进的可能性愈大，避免“烦恼”等于坐失机遇。我们应该看到顾客的“烦恼”，随时倾听顾客所言，从中获取市场信息，推动服务工作的改进。现在成立专门的客户售后服务部门的方法已经被企业广泛地采用．如何高效地运作这些部门成为企业面临的新问题。

点子

处理客户的牢骚抱怨，如果是对未经投诉的，只能通过进行售后意见反馈的时候了解。企业主要要处理的是投诉未解决的客户发牢骚抱怨的问题，而实质上也就是要迅速有效地处理客户的投诉，避免客户的牢骚抱怨发生的问题。

在发生客户投诉之后，要及时解决客户的不满，企业应该成立专门接受和处理客户投诉的部门或责令专门人员承担这项对企业具有战略意义的工作，建立处理客户投诉的系统，形成高速、专业的工作流程。另外，为了避免客户投诉过程中对问题的一遍遍重复（因为每次重复都会加剧其不满），企业要有一个完备的客户投诉记录系统，将客户的不满在第一次投诉时就详细记录下来，并及时传送需要参与解决此问题的每一个员工。

一线员工往往是客户投诉首要对象。从客户角度来看，最有效的补偿就是当发生了失误后，一线员工能够当场立即采取补救措施。有时，可能客户需要的仅仅是一个真诚的道歉或者是关于某一问题的合理解释而已，这些并不需要一线员工向上级请示。因为客户最害怕的是无休止的等待，更不愿意被人从其个部门或某个人推到另一个部门或另一个人。因此，最容易接触到客户的一线员工应该成为及时处理客户投诉的一支重要力量，尤其在服务行业中。然而．一线员工往往并不清楚应该怎样处理客户投诉。

因此，企业须利用各种形式定期对一线员工进行培训，教会他们如何倾听客户投诉，如何选择恰当的解决方案并迅速采取行动。

针对已经出现的“怨气”，企业则可以采取设立案例中提到的“顾客抱怨中心”，以消民愤。

除了这种事后的处理方式，企业还要注意用一定的方式预防抱怨的发生，在销售产品时必须事先提醒客户应该注意的一些问题。有时，客户会因为没有做好恰当的准备就匆忙接收产品，从而耽搁了产品使用。这些准备包括从操作员培训到工作环境的变动等各个方面的准备。有时，新产品投入使用前所需要的准备工作会增加很多费用，甚至会超出最初的购买价格。如果客户没了解这方面的成本以及必须的准备工作，那他们就会觉得被你骗了，就会出现后面的抱怨。

企业需要做好以下几方面的工作：

（1）清楚解释购买产品所需要的变动、准备工作以及相关费用。其中包括最初的购买价格、用于准备工作的费用支出以及产品所需要的服务要求。

（2）告诉客户如何使用产品。尽可能简短地介绍注意事项，还要按照正确的顺序把涉及的步骤都罗列出来。

（3）进行销售跟踪确保产品的正确使用。一定要确保服务你客户的工作人员以及你公司的服务人员都遵从你的安排。一旦出现问题，你就要参与其中，找出解决办法。管理好销售，这样你就不会遭人埋怨。研究表明，高质量的客户服务才是促进购买的真正原因。

语言是一门艺术，每个人都可以成为语言的艺术大师。作为营销服务人员，我们可以向幽默大师诸如相声小品的演员学习，也可通过自己的摸索和体验去总结，但是“他山之石可以攻玉”，站在巨人的肩膀才能学得更快看得更远。学习这些具体的方法，灵活运用语言的艺术技巧，就能减少客户的抱怨。

记住：切不可积怨！牢骚抱怨要尽可能化于无形。

64 跟你作对的客户

对象了解

此类型客户比较不通情理，高傲孤僻，不重感情，不重视别人，顽固且心胸狭窄，好猜疑，不相信别人，自以为是。企业在处理与这类客户的关系中，经常表现为矛盾百出或者干脆敬而远之。

案例介绍

1988 年 10 月 25 日，英国航空公司的东京至伦敦航线 008 航班因某种特殊原因在快要起飞时停飞了。为此，英国航空公司对所有乘客做了解释，同时又承诺了许多优惠条件，如全力提供换航班和退票安排住宿的服务、提供各类食品并送到家等等。

200 名乘客中的绝大多数都通情达理地接受并离开了飞机，只有一个 17 岁的日本女孩大竹秀子就是不愿下飞机，坚持说“我买了这趟机票就相当于与这个公司签了合同，你凭什么要违约？”机组人员劝了半天，甚至有一个老太太也特意来劝，但这女孩就是不听。

这就难为了机长，只得向总部请示，没想到总部在 3 分钟内给予了答复：准备起航，而且向小姑娘道歉。

全体机组立即改变态度，将小姑娘请到头等舱，独享该机的 353 个飞机坐席以及 6 位机组人员和 15 位服务人员的周到服务，为她一个人飞了这趟航班。

第二天，几乎所有的报纸都刊登了这样一条新闻：英国航空公司护送了一个 17 岁的“女王”。新闻一出，英国航空公司名声大噪，这件事也成为英国航空公司史上的美谈。

不久前有一个截然相反的案例，2017 年 4 月 9 日，美联航公司（United Airlines）为了安排本公司员工坐飞机，以机票超售为理由，无缘无故强行将年近 70 岁的亚裔医生连拉带扯拽出机舱，该医生当时血流满面，场面非常暴力，而这一切恰好被同行乘客拍摄下来传到推特，引来美国社会包括白宫发言人对美联航的一片挞伐，网络上对美联航的指责也是铺天盖地。更糟糕的是，美联航的数次公关声明均出现低级错误，措辞轻描淡写，甚至仅用 Upsetting 一词表达了抱歉。这无疑是对美国民众尤其是亚裔人士的严重伤害。这不仅暴露了该公司管理层道德上的缺失，也是相关人员职业水准低下的充分表现。

案例分析

成功的危机公关，大都是属于事件营销，借风使船。没有客户真心想要为难你，只是有些客户的性格、气质特殊。所以你也不要生气，不要把客户当成你的“敌人”，没有哪个客户会去“踢”服务商的“馆”。案例中，英国航空公司是典型的“借风使船”。当事情到了那个僵化，没有回旋余地的时候，不如“将计就计”，引起一次轰动，讨个好名声。

点子

我们首先弄清楚不满的顾客想要什么？

顾客想要得到认真的对待，顾客不想听到诸如“你瞎说”“没办法”或“你一定是在开玩笑”之类的答复。他希望你懂行、自信、认真地答复他关心的问题。

1. 得到尊重

不满的人不想看到恩赐或傲慢的态度。她希望你尊重她以及关心她的问题。有时候顾客显然是错的但却要指责你的企业，这时要做到这一点可能有些困难。

2. 立即采取行动

顾客不愿意你下个月、下星期，甚至不愿意你明天再去核查他的问题。他希望你立即行动起来。无论你多么累，也要以轻快的动作来显示你的关心。

3. 赔偿或补偿

顾客想要为自己的损失得到赔偿，也许还想为耗费的时间、造成的不便，或遭受的痛苦得到补偿。

4. 让某人得到惩戒和惩罚

即使你不是主管，也要向顾客保证企业一定会采取正确的行动。然后应谨慎的将此事汇报给上级主管，以便她能够对你的同事说明问题的所在，避免在将来发生类似的问题。

5. 消除问题不让它再次发生

有时候顾客只是想知道，厂商已经采取了行动，使得这样的问题不会再次发生。这时应向她保证，你一定会将此问题汇报给能够采取行动的主管。

6. 让别人听取自己的意见

不满的顾客想要的第一件事就是希望别人能听取自己的意见。但在一种紧张的气氛中，尤其是当你还没有养成有效的倾听习惯时，仔细地倾听顾客的意见是很困难的。

我们为什么不能很好地倾听呢？你认为是什么习惯使人们不能充分听取别人的意见，尤其是在紧张的气氛中？

对此种客户处理的方法为：先礼貌地用低姿态方式介绍自己，以博取对方的好感，如仍遭受对方刻薄、恶劣态度拒绝时，可用激将法这一险招，诸如在有意无意间或自言自语地说“奇怪，认识你的人都说你人很好，很好商量，但与你交谈后，却让我觉得自己很无聊，怎么和你的外表不一致呢？”来引起对方辩白或证明自己不是这样的人。说不定对方会因此而改变态度让你有机会作较佳的商谈，但也不能言词太过激烈，以免刺激对方，引起冲突。

65 投诉你的客户

对象了解

投诉你的客户可能是对你的产品不满意，对产品的使用不满意，对你的服务不满意，对你的企业不满意，或只是对单一的交易行为本身不满意。然而，不管是对哪一样不满意，他都还是你的客户，绝对不是你的敌人。

案例介绍

有一家食品公司，生产一种瓶装的番茄酱。这种番茄酱质量很好，口味独特，深受消费者喜爱，占有较大的市场份额。但是使用这种番茄酱时，消费者要把番茄酱从瓶子里倒出来的时间特别长，而其他竞争对手的产品使用时就容易得多。这一弱点引起了客户的投诉。为了改变这个现有的“劣势”，究竟该更改配方还是改变包装？这两种解决方法，不论哪一种都是遵循传统的模式在寻找出路。有没有其他的更为有效的方法？公司老总陷入了思考之中。

公司老总发动员工一起出点子，运用头脑风暴法，终于想出了一个绝招，改变了这场营销战的不利格局。

他们用的是什么方法呢？原来他们开始用新的广告来说服消费者：本公司的番茄酱之所以流得比较慢是因为它比较浓，而且味道也好得多。

在使用了这则最慢流出的番茄酱的广告后，该公司的番茄酱奇迹般将市场占有率由原来的 33%迅速提高到 64%。

这确实是一个绝妙的主意，这个绝招不仅捍卫了自己的瓶装番茄酱的包装，又击败了对手。

案例分析

投诉你代表客户对你有意见，但并不代表客户流失，如果客户对你失去了兴趣，那么他甚至投诉你的兴趣都会没有了。当然，客户的投诉是一个严肃的问题，不能等闲视之，这就是企业的“不满意危机公关”问题。把握好了，你可以“大事化小，小事化无”（当然这里是主动处理，而不是消极作为）。甚至，你可以跟案例中的这家生产番茄酱的食品公司一样，扭“劣势”为“优势”，并舒舒服服做了把广告，打击了竞争对手。

点子

忽视客户的不满意，稍有不慎就会给企业带来沉重的打击。树立“不满意”公关意识，有助于企业及时做好准备，采取有效的策略化解客户的不满意。具体要做到以下三方面：

1. 树立全员“不满意危机公关”意识

企业只有树立了全员“不满意危机公关”意识，认识到不满意处理不当可能会给企业造成的危害，企业的工作人员才不会置客户投诉而不理，或相互推诿，而是以一种积极的心态去处理客户的不满意，直至客户满意。

2. 定期进行满意度调查

企业定期组织客户进行满意度调查，通过调查，企业可以得知客户对企业产品或服务的满意程度，了解到企业对客户满意度的影响较大的是哪些方面，企业存在的不足是什么，应如何改进等，进而企业做出对策，扼杀客户不满意的萌芽。

3. 设立专门的客户投诉部门

根据调查得知，95%的不满意客户不会投诉，他们所做的仅仅是停止购买。因此，为方便客户的投诉，企业要设立一个专门的客户投诉部门并设置便捷的投诉方式，尽量将客户的不满意化解于企业内部。对此，可安排建议表格、免费投诉电话、企业公众号和电子信箱地址等。另外，专门的客户投诉队伍也可使客户的投诉更加便捷，同时避免了出现客户投诉时员工互相推卸责任现象的发生。

投诉处理的方法与技巧：

方法：

（1）利用信函，即设立投诉意见信箱或电子信箱；

（2）利用电话，即设立 400 免费投诉电话，以及企业公众号和微信 APP；

（3）利用访问，即客户主动上门投诉的情形，这种情形由于客户付出了投诉成本，所以应该谨慎处理，直到客户满意为止。

技巧：

（1）道谢，把投诉视为宝贵的信息并向投诉者致谢；

（2）主动迅速取得相关信息，了解怎样才能达到客户要求或让客户满意；

（3）表明闻过则喜，积极解决问题的态度；

（4）真诚致歉，先致谢再道歉，保持良好氛围；

（5）快速纠错，立即承诺，迅速行动，挽回局面；

（6）核查客户满意度。打电话了解客户对你所做的是否满意。

记住：塞翁失马，焉知非福。把握好了，就是福。

66 对产品有否定评价的客户

对象了解

客户可能对你的产品做出否定的评价，或许这个客户会直截了当地告诉你“你们的价格太高了”，或者“这个沙发可真丑，我可不愿意把它放在我的办公室里”，或者“你们的机器预热时间太长了”，这些并不意味着这个客户不会买你的产品，它只是客户对产品状况的一种评论而已。

案例介绍

在东四环附近的一家宝马 4S 店里，一对 30 岁出头的年轻夫妇正在选购轿车。

客户：318 的外观非常漂亮！可惜是入门款，稍微有些不够上档次，真是遗憾。

销售人员：那右手边的 520 轿车怎么样？

客户：520 轿车的空间足够大，非常棒！但是，它的外观看上去有点过于庄重。

销售人员：您说您喜欢这种 318 轿车的灵动轻盈，但又想要 520 的宽敞体面。您觉得哪一种能更多地满足您的需求呢？

客户：520 轿车最优惠的价格是多少？

销售人员：除了送一套真皮地垫和两次免费保养，一共 48 万元。

客户：哎呀，去年新买了房子，手头有点紧！

销售人员：嗯，那您是想一次付清还是采用汽车消费贷款？

客户：我想一次付清。

销售人员：我提个建议吧。我看你们年轻有为，开 3 系宝马比较符合你们两口子的年龄和气质，如果两位有孩子的话，车后座以后可以加个婴儿座椅，加长轴距的 3 系空间和舒适度足够了。再说以后还可以升级。如果您想购买 318 轿车，它的价格相对更便宜些，你可以选择一次性付款。如果你要购买 520 的轿车，那么你可以选择分期付款。

客户：你的主意不错，我想我们还是一次性付款买个 318 轿车好。

案例分析

不要害怕客户对产品的否定性评价，不要总是想着“我希望客户不会注意到……”，而应该以一种积极的态度去对待：“我如果解决好这个客户所担心的事情，那我就会赢得这笔交易。”

如果你意识到客户所说的是事实，那么第一个备选策略就是保持沉默，以一种期待的目光看着客户，就好像他还在继续说话一样。通常，当你给客户时间说话时，他说的话就不仅仅是刚才的评论，他会告诉你更多的信息，销售也就有了进展。如果沉默后客户没有接着说话，你可以鼓励客户继续说明他最初的评论，也可以问其他问题以期进一步促进销售进程。

或者你也可以采取第二个备选策略，你可以这样问："这就是您不想购买我们产品的原因吗？"然后就等着客户的回答。客户的答复就可以让你清楚地知道，他的评论仅仅是一种对事实的陈述，还是不买你产品的原因。在上面的例子中，客户对轿车的评价大概就仅仅是一种对事实的陈述，而不是不买你产品的原因，也许客户在乎的是价格和付款方式。

点子

如果你的产品确实存在问题，可采取下列办法：

（1）承认你的产品并非对所有人来说都是完美的。不要掩饰你的产品的缺陷，也不要对客户的负面评论火上浇油。如果客户说的是事实，不妨直说"我也听到别人这么说过"，接着就请客户采取下一步行动以推动销售进程。

（2）保持沉默，留出时间让客户说话。不要认为这种负面评论会阻挡销售的进程。通常客户会继续说下去或提供新的信息，推动销售活动的开展。

（3）如果客户保持沉默，你就可以主动问客户问题。你可以鼓励客户继续说明一开始的负面评论，也可以问其他问题来促进销售。

 向你索赔的客户

对象了解

向你索赔的客户是指出于各种原因受到损失而向你提出赔偿要求的客户。主要包括因为商品质量受损、购销合同纠纷或者运输受损而提出索赔的客户。

案例介绍

一个英国妇女突然闯入法庭闹离婚，她指控她的丈夫有“外遇”。法官听哭诉以后急忙问她那个“第三者”是谁，那个妇女就说是足球！弄得法官哭笑不得。原来，她的丈夫是一个超级足球迷，常常背着妻子去玩足球，很少陪夫人，引起了这位妻子的不满，才赶到法院闹离婚，并控告足球。法官觉得太离谱了，只得劝说道：“足球不是人哪，你只能控告生产足球的厂家。”

这位太太实在憎恨丈夫的足球，所以她听从法官的话，认真地向法庭控告当年年产20万只足球的某公司。本来，这位太太的指控是无理的，大家都认为她不可能打赢这场官司。可是出乎意料的是，她居然在法庭上轻而易举地大获全胜，该公司赔偿她10万英镑。这一桩官司的始末被各大报刊大肆报道。

果然，这一事件之后，该品牌名扬四方，球迷们都喜欢使用该公司的足球，销量大增并经久不衰。

案例分析

这个案例真是叫人惊奇，没想到还有出于这样的原因起诉厂商的，更没想到消费者能胜诉，而厂商作为败诉方居然产品销量大增。这就是企业在危机公关中的优异表现，可以化“腐朽为神奇”的力量。对这一偶然事件的处理，体现了该厂经营者的深谋远虑和在危机公关中的灵活性和善于变通。他准确地把握了机会，巧妙地将公关危机转化为促销的契机。这可以说是危机公关的成功典型。

点子

客户索赔处理流程包括以下几个步骤：

（1）记录索赔要求。

（2）判断索赔要求是否成立。

（3）确定索赔的处理部门。

根据客户索赔的内容，确定相关的具体受理单位和受理负责人。如属运输问题，交储运部处理；属质量问题，则交质量管理部处理。

（4）提出处理方案。

根据实际情况，参照客户的处理要求，提出解决赔偿的具体方案。

（5）实施处理方案。

处理直接责任者，通知客户，并尽快地收集客户的反馈意见。对直接责任人和部门主管要按照有关规定进行处罚，依据所造成的损失大小，扣罚责任人一定比例的绩效工资或奖金。同时对不及时处理问题造成延误的责任人也要进行追究。

（6）总结评价。

吸取经验教训，提出改善对策，不断完善企业的经营管理和业务运作。

这是处理客户索赔的常规步骤，处理索赔的关键是平息事态。成功因素则在于对索赔的处理令索赔一方表示满意，另外就是像案例中借力打力，借题发挥，使这种索赔的危机起到良性的反作用。

第五章

机构客户开发

68 事业单位客户

对象了解

事业单位客户，作为组织体客户，它也和个体客户一样有自己的性格——组织性格。事业单位既具有政府组织体的行政风格，又有企业组织体较强的效益目标。

案例介绍

格力电器股份有限公司（简称格力电器）作为家用空调器行业的后来者，在短时间内就快速崛起为享誉世界的空调大王，除了产品技术领先，质量可靠外，不能不说还得益于其不断创新的客户服务。

空调销售旺季，容易出现“重安装轻服务”的现象。随着前些年空调的不断普及，旺季空调的销量陡然加大，不少商家服务力量跟不上，只好在安装时候抢时间，速度非常快，容易留下“后患”，而等出现问题用户要求上门服务时，各商家甚至厂家都无暇顾及，这就使旺季空调的投诉率居高不下，成为各大品牌的一块“心病”。

格力电器则在空调销售旺季投入巨资，组织各地格力空调销售商和服务网点，组建“快速反应部队”。首批“快速反应部队”在大中城市诞生，从服务网点抽调的队员，无不是技术水平过硬、素质高的专业人员，全部建成后将覆盖全国每一个大中城市甚至是地县级城市。为确保每个用户都有求必应，该“部队”开通 24 小时服务热线，就像大家熟悉的“110”一样，突出一个“快”字，用户一个电话，该“部队”立即抵达。

由厂家组建这种空调服务“快速反应部队”，格力电器此举可谓是未雨绸缪，想消费者之所想，急消费者之所急，当时在国内空调企业中还是第一家。

由于良好的官方评价和业界肯定，格力电器成为组织机构客户的首选购买对象。特别是一些事业单位，兼采官方信息和业界信息，对格力电器另眼相看。

案例分析

案例刚好反映了事业单位客户的组织性格，事业单位选择购买对象一般兼顾官方对企业的评价态度和企业在业界的实力和声誉。

点子

根据事业单位选择购买对象的标准，企业首先要让事业单位看上自己，就必须参与政府组织的各种业界资质评定，获得官方的赞赏；其次就是在业界要有知名度，组织或参与各种业界协会和业内高峰会、前景探讨会议等；最后，还可以通过与高等院校搭线，把企业的经营模式通过理论界的途径进行宣传。总之是把事业单位获取购买决策信息的各种渠道都打通，就不愁这些事业单位不选择你作为购买对象了。

 政府机关客户

对象了解

政府客户的需求特点和内容：政府客户购买的特点主要是预算严格，计划性强，价格弹性小；政府客户购买的内容则主要是办公用具、办公用品、电脑通信器材、交通工具、安全保卫服务、消防器材、清洁卫生服务等等。政府客户数量相对较少，比较容易确定客户的身份、特征。但是，政府客户购买规模和批量比较大，规律性较为明显。同时，政府客户地理位置比较明确、集中，有一定的分布规律。以前的政府客户形象都给人不追求效益、计划性过强的形象，但是现在的政府客户购买在实行计划性的同时也更加强调高效和效益最大化，政府采购都通过技术上的评估和价格上的竞标进行，而且考察企业的售后服务质量。

案例介绍

像中兴通讯股份有限公司（简称中兴通讯）这样的通信产品和通信服务提供

商，政府客户是企业的大客户。由于政府客户购买时价格弹性小，所以在初期，企业能够依靠低价在竞争中抓住政府客户。但是，随着政府购买日渐重视专业性，对产品和服务的质量提出了新的要求。同时，政府客户也越来越重视客户服务，特别是电脑通讯器材这类技术性产品。面对形势的变化，中兴通信适时实现了由价格优势向技术优势的转型，更进一步提出了“技术驱动型”向“用户驱动型”转变。这种“进化”重新抓住了政府客户的兴趣点，抓住了政府客户，没有让“肥水”流到外人田，在和外国通信器材巨头的竞争中取得了优势。

在和客户的沟通方面，国内厂商要明显优于国外对手。国内厂商很多时候会与运营商进行联合开发、共建试验网等等，广泛吸纳最终用户的意见。据了解，为进一步盘活原有 PSTN 网络而开发的固网短信，中兴通讯一直紧密跟踪中国电信的需求，与中国电信下属研究院合作开发，积极建立实验网络并在国际上尚无先例可寻的情况下参与了中国电信固网短信标准的制定。中兴通讯在随后中国电信固网短信的项目招标中一举夺魁，占据国内固定网络短信市场的绝对优势。

中兴通讯给予国内客户，特别是重点政府客户的另一个深刻印象是“快马形象”，这也是本土企业服务的优势之一。

中兴通讯给政府客户留下的“快马形象”正是企业的王牌，快速的与政府客户进行有效的沟通，就能同时满足政府客户的购买计划和效益最大化追求，与政府客户达成共识，实现购买。

在中兴通讯，这样的成功例子很多，这些成功正是得益于企业对政府客户购买特征的准确把握和政府客户在购买目标和购买价值追求上发生转变，并做出了快速的把握。

另外一个典型例子是联想集团。作为著名的民族电脑品牌，联想集团收购了 IBM 全球 PC 业务，一举成为世界级的电脑生产厂商，同时建立了直销加经销的复合式网络体系，极大地方便了政府客户。政府对电脑的防病毒防泄密防侵权历来要求非常高，而这正是联想集团的品牌和技术优势所在。凭借自身过硬的品牌和服务优势，联想集团占领了大量的政府客户市场。

案例分析

中兴通讯成功的关键就是不断开发自己的市场卖点，抓住客户新的兴趣点。从价格到技术再到服务沟通，利用本土优势加强本土合作不断地“进化”。

点子

虽然所有的理性行为都有一定的规律可言，但要深入了解目标客户的购买行为并不是一件容易的事情。一方面，消费者的购买行为取决于其自身内在的个性特征，同时也受到诸多外部因素的影响，特别是政府客户；另一方面，由于消费需求和购买内容的千差万别，人们的每一次购买行为过程都可能有所不同。因此我们只能够提供分析、了解消费者购买行为的常用思路和方法。

确定某一具体产品的目标消费者的基本特征是了解他们购买行为特点的第一步，也是最基本的工作。第二步是确定目标客户购买行为的主要变数，也就是购买行为的具体选择内容，典型的行为内容构成了典型的购买行为模式。再进一步就是确定哪些因素会直接或间接影响客户的购买行为表现，这将为企业的营销策略选择提供依据。

这里我们把政府购买的大致过程表述如下：

确认需求，提出解决方案；

判定需求的内容、特点、数量；

详细说明需求的特点、数量；

寻找和判断潜在的供应商；

接受、分析供应商的建议；

评价建议，选择供应商；

选择订货程序；

执行情况反馈和评价。

企业要顺利地与政府客户定下订单，就需要渗入到政府购买过程口的每一个环节中去，影响政府客户的决策，最终成功获取可观的订单。

70 企业客户

对象了解

企业客户多采用专业化、集中化的采购方式，具体参与者多为专业人员。其需求一般为“引致性需求”，因而需求波动性较大，随客户的动作目标和经营内容的调整而变化。企业客户的购买通常是“缺乏需求弹性”的，受价格变动的影响较小。

在这里还要重点介绍一下中间商客户和工业客户。

70.1 中间商客户

中间商单位利润比较低，往往是大批量购货，因此他们对企业的影响巨大。特别是经营生活用品的企业，由于最终消费者的数量庞大且十分分散，因此他们对中间商的销售网络的依赖性非常大。能不能吸引中间商购买自己企业的产品是至关重要的。

另外，由于中间商承担着巨大的商业风险，有积压资金、面临破产的可能，所以不仅表现对商品选择的谨慎，而且表现在对购买条件的比较苛刻。其中价格是最为关键的因素，他们通常要求各种价格折扣，如季节折扣、现金折扣、批量折扣等。有时他们为了减少资金压占的风险，会将订单尽量地推迟来把握最终客户的需要情况，使商品适销对路。

70.2 工业客户

工业客户中间商以及个人购买者的行为特征均有不同，他们具有以下几个突出的特点。

1. 有组织的购买中心

个人购买者往往是由购买者个人或一两个家庭成员做出购买决策，而企业用户是由集体做出购买决定的，这一集体就称作购买中心，它包括所有参与决策的人或部门，各个企业的购买决策中心因购买产品类型和规模的不同而不同。当设计一项高价大型设备时，购买中心成员甚至会包括企业最高领导者、技术人员、设备管理人员、采购人员、使用者等。

根据工业客户的这一购买行为特征，我们首先要弄清购买中心的人员构成及其扮演的角色，了解主要决策者，分别有重点地对购买中心施加影响，使其最终做出对本企业有利的购买决策。

2. 专家购买

工业客户对生产设备、原料、办公用品等商品的选择，对他们产品的质量、生产效率、管理水平等都产生直接影响，关系到企业的经济利益。所以，生产企业的采购人员一般都受过专业培训，具备相当水平的专业知识和经验。

3. 多种购买方式

同生活用品相比，生产资料可采取的购买方式也较多，主要包括直接购买、互惠购买、租赁等多种方式。

4. 购买行为的严肃性和稳定性

工业客户购买行为一般都是有组织、有计划地严格进行的。他们一般都是以签订合同方式进行购买，对交易条款做出详细规定，以保证双方利益不受侵害，保证用户的需要按时、按条件得到满足。同时，由于生产者的购买行为是审慎的、集体决策的结果，反映用户生产经营活动的实际需要，只要卖方严格执行合同、做好售后服务，双方就会建立长期、稳定的供货关系，很少频繁变动。

5. 工业客户购买过程的复杂性

同生活资料购买过程一样，生产者购买过程也是开始于实际购买行为之前，并延续到实际购买行为之后。所不同的是，生产者的购买过程更复杂，一般要经过八个阶段，即认识需要、确定目标、说明需要、物色供应者、征求建议、选择供应商、订货、执行情况总结等。

案例介绍

GE 塑料集团有限公司（简称 GE 塑料）的员工中，常有人想起这么一句话：放下令顾客满意的旧观念吧，只有致力于贴近顾客才能取得成功。GE 塑料在行业中遥遥领先、市场份额不断扩大的事实表明，这样做是值得的。正因为注重客户经营业绩，将其看作自己的产品，派出跟踪团队去发现顾客工厂中的问题，和顾客一起设计解决方案并付诸实施，他们才得以在美国赢得成功。毫无疑问，他们希望客户服务能使得自身在中国获得同样的成功。

因为企业客户的购买通常是“缺乏需求弹性”的，受价格变动的影响较小，企业对价格缺乏影响力，为了满足需求不得不正视价格上的一些困难。企业转而将重点放在技术性、专业性、计划性、追求先进性、重视交货时间和批量价格，重视技术服务等环节上，希望在这些环节上节约成本。GE 塑料正是在这些环节上为客户节约成本，因而成为塑料使用企业最好的合作客户。

中国客户的需求刺激 GE 塑料拓展在华业务。2002 年国际橡塑展期间，GE 塑料向中国媒体宣布将集团的亚太地区总部从东京迁往上海，将在中国的塑料产能扩大 50% 以上。

一直注重服务客户，满足客户需要的 GE 塑料，移师上海还有一个重要原因就是服务客户，目的是为客户提供先进的产品开发资料及其他技术协助服务。

企业客户需要的不仅是一个提供产品提供原料的购买对象，确切地说他们需要的是一个合作伙伴，就好像供需双方是同属于一个一体化经营的企业集团，目标是实现共同效益的最大化。GE 塑料教他们的企业尽量少用他们的产品，正是愿意站在客户的立场上为客户设想，贴近客户，为客户设计节约成本的购买使用方案。GE 塑料创造了这种企业和客户双赢的局面，建立了良好的客户关系，在中国市场取得了巨大的成功。

案例分析

机构客户和一般客户的不同就在于机构客户是“生产者市场”，它们与消费者市场的根本区别在于，机构客户购买商品并不是为了个人或家庭消费，而是为了满足机构动作的需要或加工赢利。所以把产品卖给企业客户这样的机构客户，就要去替它考虑这种购买如何赢利，给它一个可以赢利的购买方案。你教它如何少用你的产品，为它节约成本，使得它赢利，进而使它的业务做得成功，产量加大，你的销量也就加大了，这只是“以退为进”的营销策略。

点子

实现双赢，成为良好的合作伙伴，这是经营企业客户关系的大原则。在这个原则下，企业可以做的有：向客户提供适合他们需要的、功能适宜的新产品，在这里要强调产品在需求上的适合和在功能上的适宜，因为只有这样才可能为你的客户节约成本，实现效益最大化；其次，因时制宜地选择相适应的产品的价格策略，协助客户做好资金的周转和融通；最后，提供全面、可靠、持久的产品销售服务和技术支持，以减少客户的服务成本和技术成本。

另外，虽然中间商有着各种苛刻的条件，但他们是为利润而工作的，因此它们的理智决定了他们购买行为的稳定。这样有利于企业和中间商的沟通和建立信用基础，避免不必要的商业风险。事实表明，中间商具有同企业建立长期、稳定关系的内在利益动机和愿望。所以，在客户开发与管理中，很多企业都是把中间商作为主要目标，并努力建立长期稳定的客户关系。

71　社会团体客户

对象了解

社会团体客户包括各种社会组织和各种行业协会以及各种宗教组织等。这类客户的购买特征是：预算性，计划性，价格弹性小。

案例介绍

与个人和家庭消费者不同，社会团体客户是以社会团体组织的生存和发展为目的而衍生出对产品和服务的相应需要。因而社会团体客户的需要是理性的、可预期的、讲求经济效益的。例如会计师协会的需求，可能是为了协会的生存而衍生出的对办公用品、办公场所、交通工具的需求，也可能是为了协会的发展或协会成员的职业发展而衍生出的对培训教育、法律资源、诉讼中的程序权利和代理权利的保障以及诉讼外的人身权利保障的需求。

与个人消费者相比，社会团体客户的购买过程通常简单一些，因为他们都是按照事先制订的采购办法和程序进行购买的。此外，由于社会团体客户的购买动机也比较简单、明确，所以其购买过程的特点也十分清晰。

有一个 IT 行业的行业协会，计划组织开一个本行业的企业领导人高峰会，他们需要租用会议场所，订购午餐，还有晚上的庆祝活动。有一家大酒店了解到高峰会的活动内容和具体时间安排，马上拟订了一份计划书呈送给该协会，表示乐意承办此次高峰会。该协会正愁要找一个承办方，看了酒店的计划书以后非常满意，于是决定选择这家酒店为高峰会的承办方。

案例分析

跟社会团体客户打交道，也是一场公关。关键是要从客户信息收集、比较和咨询的过程中介入进去，了解他们的要求和影响决策的内在和外在因素。抢占先机跟客户进行接触，提出诱人的计划和实施方案。

点子

挑战这类客户关系，首先要有灵通的信息渠道，有高效的沟通方式；其次，就是要制作专业的、技术含量高的、诱人的计划书和具体的组织实施方案。

第六章

对外贸易客户开发

72 民族意识强烈的外国客户

对象了解

随着经济全球化的发展，商品越来越没有国界了。但是，在一些民族意识强烈的国家，对外来的东西依然存在抵制情绪。尤其是在某些行业，国民对本国产品有很深的民族感情，甚至有些东西被视为国粹。在这种国情背景下，企业如何开展国际营销，也意味着对民族意识的尊重与融合。

案例介绍

这是一个很老的案例了，但不失为一个经典的案例。

白兰地是法国的名酒，在法国已经有几百年的历史。当白兰地在法国畅销不衰的时候，具有开拓进取意识的厂商已把目光瞄向美国市场。但几经努力，均未如愿。因为酒业总是或多或少地代表了一种民族精神和历史文化。

白兰地公司邀请了几位公关专家来出主意，为了回避白兰地酒将要进占美国市场这一商业色彩浓重的行为，获得美国人情感上的接纳，他们别出心裁地设计出“白兰地公主”远嫁美国的方案。他们选择的公关宣传基点是“法美人民友谊”，主题是“礼轻情义重，酒少情谊浓”，择定时机是总统寿辰庆典。

这项耗资可观的“白兰地公主”远嫁美国的活动，美国公众早在总统寿辰一个月前，就分别从不同的宣传报道中获悉。一时间，法国白兰地成了热门话题。人们期待着总统寿辰日早日到来，盼望着“白兰地公主”早些“一展芳容”。

当两桶由专机运抵白宫的白兰地美酒登场亮相时，群情沸腾，欢声四起，有些人甚至唱起了法国国歌《马赛曲》。从此，法国白兰地不仅昂首走进美国市场，而且成为享誉世界的名酒。

案例分析

企业占领国际市场，销售方向既定，则需要经销者聚焦在一个方向上，以持久的、稳定的态度坚持下去，才能奏效。美国是一个开放的国家，但世界各地的酒历来都讲究产地、工艺、历史渊源、文化传承，比如大家耳熟能详的苏格兰的威士忌、俄罗斯的伏特加、日本的清酒、法国的白兰地等。酒文化源远流长，酒行业是国界意识比较明显的行业。在酒行业里，无论哪个国家几乎都有民族意识对外来酒业的潜在抵制。法国人让两桶白兰地扮演友好使者的角色，不是以“商品”的形式进入美国，而是以“礼品”的形式进入美国，这样就回避了美国人的民族情绪。可见，经销者一定要掌握社会学、心理学基础知识，在商业、政治、利益、情感之间巧妙均衡，采取相宜的微妙方法，有效地诱导和激发市场购物主体获得满足的内在积极性，实现企业的经营目标。

记住：“商品”也可以是“礼品”，要学会给自己巧妙地“化妆”，甚至是“易容”。

 民族风俗浓厚的外国客户

对象了解

每个国家都有各自的民族风俗和习惯，不同国家之间的这些习惯和风俗通常是有很大差异的。风俗习惯的养成不是一朝一夕的事，而是在长期的历史文化生活中形成的。每个国家的公民都不会轻易改变自己的民族风俗习惯，并希望自己的这种民族风俗习惯受到其他民族的尊重。也只有充分尊重民族风俗习惯的企业才能在外国市场站住脚跟，得到外国客户的支持。

案例介绍

日本松下公司在打开中国录像机市场前，曾对中国的消费者进行了周密的调查，以摸清中国消费者的心理及需求。

调查表明那个时候中国消费者的文化水平一般都还不高，懂英文的则是更

少，对于进口家电有种近乎“崇拜”的心理，而对录像机这种高档家电就更有点“高不可攀”的顾虑。于是松下公司在 L15 录像机上注明只销往中国，这等于暗示中国消费者：松下公司生产的 L15 录像机与众不同，是专为中国消费者而设计的，请中国的消费者百分之百放心。L15 说明书不仅附有中文说明，而且还随机附中文普通话操作说明录像带，使中国消费者可以很快学会操作。

松下公司还很清楚中国消费者买得起录像机，但买不起录像带的特点，因而在 L15 录像机里加进了高密度录放技术。一盘普通的录像带放在 L15 录像机中，可使用 6 小时，以一顶二，深受中国消费者的欢迎。

松下公司还摸准了中国消费者讲实惠的特点，在包装上非常中国化，尽管 L15 录像机功能齐全，质量也好，但却采用极普通的纸箱包装，很合中国老百姓的胃口。

L15 录像机打入中国市场以后，一直畅销不衰，这与松下公司成功采用“入境随俗”的市场开发策略有较大关系。

案例分析

早期的中国刚刚开放市场，各项事业都处于“百废待兴”的状态。在这种社会转型期，日本松下公司要抢占中国市场就必须了解中国的国情和中国人的民族风俗习惯。案例中，松下公司抓住中国消费者当时文化水平不高（因为当时教育事业刚刚起步），对科技产品具有“崇洋”心理和“奢望”心理，对产品的性能缺少了解，缺少产品使用方面应有的知识的特点，将高科技产品通俗化，消除“高不可攀”的敬畏心理，并消除了使用障碍，迎合了消费者的使用习惯。在包装上和录像带问题上，针对中国消费者讲实惠和消费水平相对较低的特点，采用非常普通的纸制包装和高密度录放技术，既降低了产品的价格和使用费用，符合中国消费者消费水平，又迎了中国消费者节俭实惠的消费心理。

点子

在国际营销中，面对陌生的外国营销环境和陌生的外国客户，必须了解外国客户的民族风俗习惯，切莫犯了“忌讳”。通过细致的市场调查，了解外国客户独特的民族风俗习惯，然后针对性提出相应的营销策略，努力迎合外国客户的民族风俗习惯，满足其独特的文化心理需求，符合其独特的使用习惯。如果你消除了外国客户的排外情绪，并树立起了非常友好的企业形象，那将会为你的国际市场营销打开非常乐观的局面。

记住：入乡随俗，你才会有机会反客为主。

74　民族文化发达的外国客户

对象了解

民族文化发达的国家，在对其开展国际营销时，要尊重其文化。民族文化发达国家的公民具有强烈的文化自豪感，并对外国文化具有一定的排外情绪。同时，由于文化发达，该国公民受到更多的文化上的熏陶和感染，在生活领域亦追求文化内涵和文化品位。

案例介绍

一般来说，同样的商品，富有一定文化内涵的就更加吸引人。为产品“编造”一个易于流传的故事，会明显有利于产品的销售。

在日本，紫色棉被非常畅销，它得益于一个古老的传说：在德川时代，听说川越有位孝顺的儿子送了一套紫色的棉被给他病弱的双亲，他的双亲睡在儿子赠送的棉被里，没过多久就奇迹般地恢复了健康，这事被当时的川越城主知道后，赏了他 100 两银子。

有一家美国棉被厂知道这个传说以后，特意去请教川越市图书馆馆长，想了解传说的详细内容。图书馆馆长是个乡土历史专家，他查遍了资料，但结果却是这个传说根本无法考究。

棉被厂老板并不在意真实情况如何，逢人便讲这个故事，慢慢的人们头脑中产生了一个印象：几百年前，日本就有赠紫色棉被给老人的风俗，尤其是儿子赠送的紫色棉被就代表着能够延年益寿。

美好的传说适合老年人的需要，适应年轻人选择商品的心理，又有利于社会上孝敬老人风气的形成，所以快速形成了影响。从此以后，这位老板生产的紫色棉被大为畅销，简直难以应付纷至沓来的订单。

案例分析

销售理念是营销的最高层次，而理念无不与文化有着密切的关系。因而要将营销做成功，特别是要将国际营销做成功，对民族文化的研究是不可回避的问题。案例中商家编造了一个动人的传说，可以说首先是销售了情感，销售了文化，营造了跟客户融洽的气氛，因而使得产品畅销。当然，千万不要误会随便编造一个故事也能调动消费者的民族情感，这个故事必须有一定的流传（虽然无法考究），而且必须有一定的文化内涵。

点子

利用民族文化开展国际营销，不失为一种很好的营销思路，只是具体运用上要谨慎从事，因为文化是严肃的，弄巧成拙造成的负面影响也是相当大的。海尔在阿拉伯国家开展营销的时候，因为顾及到阿拉伯国家的人民穿着上较保守的文化，提出给海尔的商标标识“海尔兄弟”穿上衣服。企业对民族文化更多地表现为被动地适应，所以主动利用一定要谨慎。

《菊与刀》这本书阐述了对日本文化的研究，在日本开展营销如果抓住菊与刀这两样日本文化的象征性事物，对文化进行一番利用不失为一种契机。然而，这都以谨慎的市场调查结果对预期效果的确认为前提。

75 全球意识深入人心的外国客户

对象了解

随着经济的全球化发展，文化隔阂和种族隔阂的坚冰都日渐消融。有些国家和地区全球意识和世界主义深入人心，在经济发展中消除国界，消除歧视，相互配合，共同发展繁荣。在经济合作中，倡导求同存异，共同发展，正是全球意识深入人心的外国客户愿意共执的大旗。

案例介绍

欧洲第一大名牌成衣公司贝纳通公司如今在世界已建立起5000个专卖店，它已成功地打进了纽约第五大道上的高级商业区。它在日本的200个销售点竟创下每年增长一倍的高业绩。它的这一切成就是靠着一句“贝纳通彩色联合国”的广告打响知名度的。

20世纪60、70年代，贝纳通公司只是威尼斯附近小镇上的一个家庭企业。家庭中最年轻的成员是卢西恩，他相信自家工厂生产的彩色毛衣，不但款式简洁活泼，颜色也鲜艳漂亮，应当受到全球消费者的青睐，于是提出了后来在20世纪80年代大受瞩目的广告词：“贝纳通彩色联合国”。

这一句广告词代表一个行销策略，它正好同1985年非洲大饥荒时全世界团结一致发动捐款救灾活动的相呼应。当时，美国歌坛著名歌唱演员义演合唱的“We Are The World”得到全球的响应，也给了当时为贝纳通公司拍广告和海报的摄影师一个绝妙的灵感：“为什么我们不找各种肤色的小孩穿上贝纳通的衣服呢！”

让全球的消费者穿出“四海一家”的感觉来。这个价值连城的广告创意带动了整套成功的行销策略，全世界各地都出现了贝纳通醒目的广告海报——各种肤色、各个国籍的可爱的小孩，穿着贝纳通生产的五颜六色的花衣服，手拉着手，相亲相爱，表现了整个世界“四海一家”，渴望互相认同、平等团结的愿望。成千上万件贝纳通成衣，作为友爱的象征，畅销世界各国，营业额高达10多亿美元。“贝纳通彩色联合国”的天下也就此奠定。

案例分析

在全球意识深入人心的国家进行营销，可以说依然是在借用文化的力量。但是，这时的文化是世界主义的，是以和平和发展为主题的，强调的不再是民族之间文化上的差异，而是文化上的一致性，减少分歧，寻找最大的共同点。注入了情感含量和文化含量，给消费者以融入的和谐、参与的热情、价值的体现和合作的愉快，让人觉察不到一丝一缕的铜臭气息，消除了买卖双方的对立。在非洲埃塞俄比亚发生大饥荒，全世界团结一致发动捐款救灾成为举世瞩目的重大事件时，打出“贝纳通彩色联合国”这一口号无疑是抓住了最有利的时机，轻易地吸引了人们的注意力，产品大为畅销便很自然。

全球化的时代，世界级品牌进入不同国家有不同招数。一般都会充分结合当地的民俗风情，制作充满异域风情而又切合当地人群生活与习惯的优质广告，开办各种公关活动，让跨国品牌深入到当地人的内心。

点子

在全球意识深入人心的国家开展国际营销，意识形态上的阻力较小，公司应坚持求同存异、减少分歧的方针，依靠提出双赢的合作计划取胜。以竞争力和营销力赢得客户的信任，以全球意识和责任感获取企业声誉。

第七章

从客户行为研究挖掘客户

76 个人决策型客户

个人购买者的购买目的是为了自用，主要是生活用品，有时也购买一些工业用品。这类顾客的特点是数量多，购买批量小，购买行为极其复杂，受购买动机、经济条件、生活方式、社会文化、年龄和个性等各类复杂因素的影响，因此他们表现为不同的模式。

由于每个人的学识、个性、修养、环境、习惯及信仰等的不同，自然对于各种人、事、物的反应、感受及行为亦有相当大的差异，一位称职的业务人员要开发市场争取顾客，必须对想争取的顾客做深一层的了解与认识，对他们做合理的分类，再按其特性做最适宜的应对，必可事半功倍。

76.1 理智型客户

客户特征

此种顾客较理性，不冲动，思虑周详，客观明智，脚踏实地，对此种顾客只要按照正常拜访的方式，礼貌地，按部就班、不卑不亢、规规矩矩、坦诚细心地向顾客介绍并洽谈，必可获得满意结果。

这类客户习惯在反复考虑、认真分析之后才决定购买。这些客户表现得非常有主见，他们不受别人的购买行为或广告宣传的影响，对商品的性能、价格和质量等进行大量的对比分析。对这类客户应当表现出足够的耐心，尽量抓住影响他们购买行为的关键因素，然后寻机突破，如果还是无效的话，就不应该再投入太多的精力，但仍要表现出热情。

营销对策

营销对策的核心：宣传产品性能。

产品广告是企业实施竞争策略的最基本的手段，是让广大消费者了解产品、认识产品的有效途径。

广告主题必须包含特定的产品效用或优势，必须是其他同类竞争者不具有或没有宣传过的，能够促进销量的提高。

一、制定强调产品性能的产品广告应该分析产品的性能特点，包括以下几点方面：

（1）生产工艺：产品是如何制造出来的？采用了哪些更新、更可靠、更合理的工艺过程。

（2）产品质量：经过什么样的质量检验过程？通过哪些质量论证？获得哪些权威机构的承认。

（3）产品效能：有哪些实验数据、研究报告、实例和用户反馈可以证明。

（4）独特性：与其他厂家的产品有什么显著的不同？技术方面、工艺方面、设计方面有什么独到之处。

二、在设计强调产品性能的广告时，要寻找适合于广告表现的产品特点，注意以下几点：

（1）能够用简单明了的文字说明，不需长篇大论或各种专业论证。

（2）可直接用实景或模拟录像、照片、示意图、声音等方式形象表达。

（3）大部分消费者能够迅速理解、想象和接受。

此类顾客比较倾向于精确、高效率和有条理。他们常以完成任务为目的，可以坚持做完在别人看来是乏味的工作。他们经常被认为过于重视任务，因此比较缺乏热情或是不受个人情感影响，所以在面对他们的时候最好的办法就是通过行为来论证。列举所提出计划的利与弊，给他们充足的时间来核实销售人员的行为；提供明确、真实、可靠的证据来证明你所说的观点属实并且准确，千万不要要花招。

你在对他们推销的时候，应做好准备，特别要有耐心回答全部问题的准备；认真研究情况，积极提出一些有价值的问题；为他们提供合理的解决方案；给他们思考的时间，通过充分的服务和有始有终的行动向他们保证承诺。

76.2 从众型客户

客户特征

你一定见过这样的一些购买者，他们很少有自己的主见，往往受到众人的影响，只要他人争相购买就会加入，他们的理念是，吃亏大家一起吃，占便宜大家一起占。对这些购买者来说，广告、商品陈列以及商品包装是有效的营销手段。

这种消费心理是非常普遍的，但女性表现会更加突出。她们容易受到别人的影响，如许多人正在抢购某种商品，她们极可能加入抢购者的行列。她们平常总是留心观察周围人的穿着打扮，喜欢打听别人所购物品的信息，而产生模仿心理与暗示心理。同时，女性消费者容易接受别人的劝说，别人说好的，她很可能就下定决心购买，别人若说不好，她很可能就放弃。

市场上经常见到的“一窝蜂”现象，产生的根源在于购买者有一种错误的判断：有那么多人抢一定会是好货，或者有便宜可占。

营销对策

营销对策主要是通过产品广告激发购买欲望，明确其需求。具体而言，可以从产品给客户带来的利益和产品独到的特点以及品牌形象和企业形象上来激发客户的兴趣。

一、产品能够提供给消费者的利益

（1）能够有效、经济地解决用户的问题；

（2）使用过程方便、可靠、安全；

（3）与顾客心目中的产品相一致；

（4）有助于用户实现个人的理想和追求；

（5）有助于增强用户的自信心和自尊心；

（6）有助于提升用户的地位象征和个人形象。

二、明确需求、激发兴趣的广告方式

（1）引发注意，对产品感兴趣；

（2）产生对产品的信任、放心；

（3）牢牢记住产品的特点；

（4）将产品列入选购名单；

（5）轻易地与其他产品区别开来。

三、品牌形象和企业形象的强化

（1）强化企业和产品的特定形象；

（2）树立新市场开拓阶段的品牌形象；

（3）树立新产品投放市场时的品牌形象；

（4）培养目标顾客的品牌偏好；

（5）提高目标顾客的品牌忠诚度；

（6）修正消费者对企业和产品的错误印象；

（7）增强消费者使用该产品的信心；

（8）鼓励消费者改用该产品品牌；

（9）维持品牌的知名度。

四、确信广告达到了以上这些刺激客户购买兴趣目标的几个问题

（1）广告的关键语或口号是否体现了该产品最重要的几个特点？

（2）广告所提供的证据是否有足够的说服力？

（3）广告的画面是否让人联想到该产品的质量保证？

（4）广告是否证明了使用方便、用途广泛或效果显著？

（5）广告是否让人感到人情味和愉悦性？

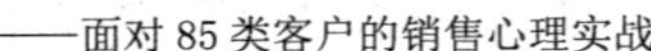

76.3 习惯型客户

客户特征

有些客户通常根据自己过去的习惯和爱好购买商品，总是到自己熟悉的地方去购买商品。他们对自己熟悉的商品、经销商表现出很高的忠诚度，购买具有定向性、重复性。每个企业都应尽可能地来强化他们的购买行为，比如使他们感到服务热情、周到、购买便利、产品型号齐全等。

这类客户在选购商品时，是以自己的生活习惯和业余爱好为原则的，他们的倾向比较集中，行为比较理智，并具有经常性和持续性的特点。

营销对策

营销对策首先是调整销售方式和销售渠道，习惯型客户经常到一个地方购物有时只是因为方便；其次是构建服务上的特色，刺激客户感受到自己企业和别的企业的区别和优势。

一、舒适的销售场所和便利的销售渠道建设

随着社会经济的不断发展，特别是市场流通领域的日益繁荣，消费者在决定购买场所、购买方式和购买内容的时候，也有了更多的选择余地。广大顾客更加注重销售方式的方便、快捷和舒适。

对此，企业在提供销售咨询、设计销售渠道以及选择具体销售场所等方面，都要从市场顾客的角度出发，替他们着想，为他们提供方便、适用的销售方式。

“顾客至上”不能只是一句空话，而是要用实际行动来显示。如果消费者和生产厂家之间缺乏沟通渠道，无法得到有关该厂家产品和服务的详细资料和销售咨询，就可能在购买决策中放弃对该厂家产品的考虑。针对产品和目标消费者的特点，设计和安排高效、便捷、富有人情味的沟通方式，保证与顾客沟通渠道的畅通。

二、构建有特色的服务

随着市场竞争的加剧，企业不仅要让消费者知道自己产品本身的特点，还必须加强服务方面的竞争意识。

根据市场开拓和竞争情况做好服务广告工作，将广告的重心集中在产品服务和销售服务方面，用务实求真和诚心诚意的态度，借用广告这一表现力丰富的工具展示企业的服务意识和为顾客着想的宗旨。

制定强调特色服务广告的基本内容有以下两个方面：

（1）分析顾客对服务的需要。包括用户经常要求和企盼的服务项目和服务水平，用户偶尔需要的服务项目，服务项目和内容的难度和可行性等。

（2）分析企业所提供的服务项目和内容。包括提供服务的宗旨和目的，系列服务、成套服务和选项服务，有偿服务或无偿服务，服务的种类、项目数量和时间。

76.4 任意型客户

客户特征

这些人对商品没有固定的偏好，不讲究商品的商标和外观，随机性地购买商品。

他们出于两种原因：一是不愿意浪费太多的时间，图方便和省事；二是没有经验和主见，不知道如何选择，盲目听从他人的建议。

营销对策

针对这类客户的营销对策是加强促销，因为他们对产品本身没有多少区别感和认同感，必须依靠促销活动来吸引他们购买，刺激他们对特定的企业和产品产生认同。

针对客户进行促销的目标，包括增进和强化对企业产品和服务的认知，鼓励顾客试用企业的产品和服务，鼓励潜在顾客参观产品展示和产品试用，说服现有顾客增加购买企业产品的频率，改变顾客的购买地点和购买时间，等等。

各种各样的促销载体也创新不断、层出不穷。

（1）促销的渠道形式有：新旧媒体广告、直接信函和宣传单、电话推销、商品展示终端机、电视转播、电台转播、包装纸箱、灯箱广告、门票、参观券广告等。

（2）市场竞争过程中企业促销的常用手段有：样品，免费供应一定数量的产品或服务；优惠券，授权持有者在购买某种产品时可免付一定金额的凭证；现金折扣，在购买产品后提供的价格削减；趣味活动，有奖竞赛、抽奖、游戏；惠顾回报，消费者累积一定的购买数量或多次光顾特定的卖主时，可以得到现金或其他形式的回报；连带销售，利用另一种没有竞争关系的产品或品牌进行搭配组合销售，达到广告促销效果，等等。

促销手段的选择必须考虑促销对象的特点，例如针对在家庭或工作场所的消费者，可以采用直接邮寄广告、电话推销和派送宣传单的方法；针对流动的消费者，可以考虑使用电影放映前的广告时间、公共汽车内外广告、各种门票广告和体育比赛场地广告等形式；针对经销点店面内外的消费者，可以利用趣味活动等促销手段。

企业虽然无法改变顾客的需要和动机，但是可以利用有针对性的促销手段来影响消费者具体的购买决定，包括购买的数量、购买的频率、购买地点和购买组合。

76.5 经济型客户

客户特征

这类客户的购买行为，以商品价格作为选择商品的主要条件。他们通常对价格比较敏感，有些人对廉价商品有非常强烈的偏好，有时即使没有购买意向，碰到廉价商品也要购买。企业可以利用价格吸引这样的顾客，但是切记贪图便宜的顾客缺乏忠诚度。很多企业就是热衷于价格战最后导致一败涂地。

另外的一些价格型购买者恰恰相反，他们特别信任高价商品，希望自己能够与众不同，他们的理念是“贵的就是好的”“一分钱一分货”。

营销对策

针对这类客户的营销对策主要是价格优势，包括广告上的价格策略和促销上的价格策略。

一、广告上的价格策略

产品竞争、品牌竞争和服务竞争之外，企业有时候也要实行价格竞争，与之相配合的就有价格广告。

价格广告的核心是通过广告传播有关产品价格的信息，激发消费者求廉、求实的动机，提高购买欲望。特别是针对价值较高的产品和价格心理敏感的顾客群，价格广告的促销作用十分显著。

制定价格广告策略的一般步骤有：

首先，分析顾客的价格心理，包括：产品价格在购买决策中的考虑次序，对产品价格水平的习惯，对产品价格变动的预期，对产品价格变动的敏感性，等等。

其次，分析市场的价格水平和企业的价格策略，包括：市场同类产品的价格水平，企业产品的成本水平，企业产品价格可允许的变化幅度，企业产品的定价方法，企业产品的定价策略，等等。

最后，确定广告宣传的重点内容，包括：每一位顾客都买得起；从中可以得到的实惠有多少；不可想象的价格；分期付款，谁都负担得起；不断提高的生产效率带来不断降低的价格；最佳的价格性能比；花钱不多，却能满足你的所有需要；产品虽然不便宜，却是货真价实；价格虽高，却是实现梦想的捷径，等等。

二、促销中的价格策略

不要错过价格促销的有利时机，大胆尝试各种价格促销手段。在市场营销中有各式各样的价格促销策略和方法，可以激发、诱使、鼓励消费者增加购买数量。

常见的这类促销手段有：

（1）数量折扣：当顾客的购买数量超过一定的数额后可以获得价格折扣，通常数量越大折扣率也越高。

（2）产品抽奖：在产品包装中添加抽奖功能，如写上某些号码、图案用于抽奖兑奖，消费者购买产品的数量越大中奖的机会也就越大。

（3）大包装：采用大容量、大数量的产品包装设计，以相对较低的单位价格发售，吸引顾客购买。

（4）附加服务：当顾客的购买数量超过一定数额时，提供附加服务，如送货上门、免费包装、邮寄服务等。

（5）季节折扣：对某些有需求淡旺季差别的产品，在需求淡季时给予折扣，刺激需求。

（6）特价吸引：对部分产品实行优惠定价，用低廉的价格来吸引消费者加大购买数量。

（7）金额折扣：当顾客的购买数量超过一定的金额时，给予一定比例的现金返还，买得越多回扣也越多。

（8）抽奖活动：当顾客的购买数量超过一定数额时，可以参加每天或每月的抽奖活动，中奖者可获得各种奖品和现金折扣。

（9）赠品：当顾客的购买数量超过一定数额时，赠送相应的礼品（非卖品），多买多送，鼓励顾客增加购买数量。

（10）提供消费信贷：对购买超过一定数量的顾客提供分期支付的付款方式，减轻消费者一次支付的负担。

76.6 想象型客户

客户特征

有些人根据自己对商品的想象、评价或联想选购商品，他们比较重视商品名称、造型、图案、色彩等因素，选择那些含义符合自己意愿、向往的商品。这样的顾客有时是愿意为商品付出高价的，对这样的顾客，企业应该关注产品的外观设计、立意，追求新颖，满足人们的更高层次的需求。

营销对策

针对这类客户的营销对策主要是有创意的产品设计和良好的品牌形象。

一、进行有创意的产品设计

（1）技术设计。设计产品时，要突出产品的功能、用途和造型、外观特色，帮助消费者了解新产品、重新或加深认识原有产品，诱发购买欲。

（2）创意宣传。有创意的产品设计还要靠有创意的广告宣传才能成功走向市场，有创意的广告宣传主要遵循五个步骤：分析产品的性能特点；传达产品能够提供给消费者的利益；寻找适合于广告表现的产品特点；确定广告要达到的目标；在广告制作完毕后，还要认真检查一遍。

二、宣传良好的品牌形象

为了提高企业在市场竞争中的主动性和进攻能力，企业产品的知名度和信誉就是非常重要的武器。

品牌广告就是将广告的重心集中在产品品牌或企业品牌上，用新设计、新构思、新手段表现品牌的内涵，激发消费者的兴趣，加深消费者对产品品牌的认同和接纳。品牌广告设计必须有统一的形象特征。

制定品牌广告策略主要的步骤有：

（1）分析目标顾客群体对企业品牌的认识。包括：对企业产品品牌的认知度有多高，对企业形象和产品品牌的接受程度如何，对该品牌的忠诚度有多高，品牌转换频率有多高，等等。

（2）确定企业品牌的市场定位。包括：品牌的目标客户群体，与竞争品牌相比较有哪些共同点，与竞争品牌相比较有哪些差异性，品牌的特征，等等。

（3）确定品牌广告的目的。

（4）确定品牌广告的内容和策略。包括：宣传企业的价值观念，经营目的、管理哲学、企业精神、市场宗旨等；展示企业实力，企业规模、市场覆盖面和渗透率、创新能力、技术装备、工艺流程、人才资源等；表现企业信誉，公众、媒体对企业和产品的好评、赞誉、获得的奖项、荣誉等；表现企业责任，环保意识、健康意识、安全意识、社会公益、慈善活动等；品牌的象征意义，经济实惠、技术领先、服务保障、安全、可靠、质量保证、环境保护、健康有益、舒适、豪华、新潮、时尚、家庭观念等；品牌的保证，各种评比奖项、经历时间考验、社会公众评价等。

（5）注意事项。产品广告风格与企业或产品的形象是否一致，广告创意和构思与产品品牌的象征意义是否一致，广告手段与表现手法是否符合目标顾客和受众的心理特点，广告中的产品形象是否让目标顾客和受众感到亲切、可信赖，等等。

76.7 内向型客户

客户特征

这类客户生活比较封闭，对外界事物表现冷淡，和陌生人保持相当距离，对自己的小天地之中的变化异常敏感，在对待销售上他们的反应并不强烈。说服此类客户对销售人员来说难度是相当大的。这类客户对产品挑剔，对销售人员的态度、言行、举止异常敏感，他们大多讨厌销售人员过分热情，因为这与他们的性格格格不入。对于这一类客户，销售人员给予他们的第一印象将直接影响着他们的购买决策。另外，对这一类客户要注意投其所好，则容易谈得投机，否则会难以接近。

营销对策

沉默是金的内向型客户最难应付，而且不易掌握顾客的真正意图，且易使气氛尴尬，应如何处理呢？首先，必须判断出客人的沉默寡言是天生本性，还是故意伪装的。只要注意一下，对方的眼睛不愿正视你，也不愿正视你的样品，而又略有东张西望心不在焉的表情，则十之八九是装出来的沉默。

此种顾客的处理方法：

天生沉默寡言型。尽量不急不缓地、诚恳地与客户介绍交流，视其反应以了解顾客的心意，才能对症下药。

故作沉默寡言型。此种顾客是对产品及拜访不感兴趣，但又不好意思拒人千里之外，而勉强接见你，故只好装出沉默寡言的样子让你知难而退，遇到此种顾客，寻找话题，提出一些让对方不得不回答的问题让他说话，以拉近彼此距离，多花时间再导入正题。

针对这类客户的营销对策是构建合理的销售渠道，妥善处理沟通渠道和对话方式，因为这类客户自我封闭，又不喜欢销售人员过于热情，所以营销重点就是如何找到恰当的对话方式和他们进行沟通，让他们了解企业提供的产品，如何构建便利的销售渠道方便他们实施购买。

一、企业和客户的沟通渠道和对话方式

（1）热线电话，提供企业和产品信息，提供专业咨询服务；

（2）开设英特网页，提供网上信息和咨询服务；

（3）利用企业公众号、电子邮箱等方式，提供资料信息，回复有关查询；

（4）设立顾客接待部门或顾客咨询小组；

（5）利用设在各商店的专营柜台，提供咨询服务；

（6）根据顾客的要求，上门咨询；

（7）定期或长期在大型商场和购物中心设立咨询台；

（8）定期举办企业“开放日”，欢迎顾客和潜在消费者到企业参观和咨询。

二、构建便利的销售渠道

企业的产品质量再好、价格再合理，但是如果没有通畅的销售渠道，产品的

市场销量肯定大受影响。特别是跨地区、跨国界的目标市场销售，更是要认真考虑如何选择从厂家到最终用户之间的销售渠道。

1. 选择舒适的销售场所

从生产厂家的角度出发就是挑选具备适合于消费者购买行为的销售场所的零售商。销售场所这里指的是市场购物环境，即商店内外的实体环境和相应的销售服务。包括商店的布局、柜台陈列、售货员的服务。

生产厂家必须派人到销售渠道的终端即零售场所，现场观察、了解商店或商场的布局、柜台陈列、售货服务质量等，评价各个商店的购物环境。挑选销售场所时要重点考虑的因素包括地理交通条件是否便捷、营业环境是否方便消费者选购与企业产品形象是否相衬托等。

2. 选择合适的分销策略

根据同一环节或层次中的中间商数量，可以区分宽度不同的销售渠道策略，分为广泛分销策略、选择分销策略、独家分销策略。

独家分销策略是指厂家在某一目标市场内仅选择一家中间商经营本企业的产品，双方需要签订独家经销或总经销协议来保证彼此的权利和义务。适合于新产品、名牌产品和产品特异性强的产品。

选择分销策略是指厂家在某一目标市场，挑选几家规模合适、信誉较佳的中间商，以特约经销方式或代销的形式固定双方长期的合作关系。适合于选择性强的耐用消费品和专用性强、技术服务要求高的工业用品与设备。

广泛分销策略是指厂家通过众多的中间商把产品送到消费者手中。经销网点越多越好，力求使产品的覆盖面广泛，方便消费者就近购买。适用于价格低、产品差异性小的日常消费品和标准化、通用化程度高的工业零部件与小工具。

针对内向型客户而言，根据其客户特征，应该以广泛分销策略为宜，因为他们生活比较封闭，对外界事物表现冷淡，只能依靠更多的经销网点，力求使产品的覆盖面广泛。当然，销售渠道的选择要考虑多重因素，包括价格、产品种类、产品特点、企业规模和市场结构等。

76.8 犹豫不决型客户

客户特征

此类客户多半判断力差，没主见，优柔寡断，胆小怯懦，性情善变，易受人左右。造成此种个性的原因，可能是外行，知识不足，或曾经受骗，应对方法先以忠实诚恳态度，获得对方信赖，进而把握时机以坚定态度协助对方作最佳的抉择。

营销对策

针对这类客户的营销策略主要是开展促销和提供良好的售后服务。

一、加强促销，让犹豫不决型的客户不再犹豫

犹豫不决型的客户因为缺少主见，也许容易被这种促销活动所刺激，而实施购买行为。但是，商家要切记，所有的促销活动都应该以诚信为本，不进行虚假促销。因为这类客户基于信任促销活动而实施了购买行为，如果一旦发现促销活动的虚假性，那么将会毁了客户心中的企业形象。商家开展促销时，要注意：避免虚假打折，失信于顾客；避免盲目打折，造成虚假需求；避免频繁打折，失去吸引力；避免竞相打折，导致效益滑坡。

在市场营销中有各式各样的促销策略和方法，可以促使消费者增加购买某种产品的频率。常见的这类促销手段有：定期推出特价产品，每日或每周提供部分价格优惠的产品，吸引顾客经常光顾，增加购买的次数；定期推出新产品，每周或每月推出新型号、新款式、新包装的产品，吸引顾客经常前来选购；定期举行抽奖活动，每日、每周或每月举行一次抽奖活动，对中奖者给予现金回扣、赠送礼品或代用券，吸引顾客定期前来购买；时段差别定价，每日或每周的产品定价有所变化，使顾客每次都能够买到质优价廉的产品；返还策略，利用现金返还、免费券返还、选择性返还等方法，引发顾客在一定时期内重复购买，以达到返还所要求的购买次数。

二、提供良好的售后服务

“顾客至上”的服务宗旨，售后服务的目标包括顾客想到的和顾客没有想到的我们都想到了；服务项目的广泛、周到、实际；服务的快捷、方便，无需等候；服务的持续、长久、不变；服务的高效率、低费用（或无偿服务）；提供别的企业所没有的服务。

76.9　豪爽干脆型客户

客户特征

此类型客户爽朗、积极、乐观、干脆、率直、决断力强，处事迅速敏捷，但较无耐心，且略显粗心大意，感情用事。对此类客户只要态度真诚，对来意及商洽内容简单扼要说明，即可获得客户的响应，进而培养友谊，建立日后业务关系。

营销对策

一、赞美这类客户

每个人都喜欢听到好听话，客户也不例外。因此，赞美就成为接近顾客的好方法。

赞美准客户必须要找出别人可能忽略的特点，而让准顾客知道你的话是真诚的。赞美的话如果不真诚，就成为拍马屁，这样效果当然不会好。

赞美比拍马屁难，它要先经过思索，不但要有诚意，而且要选定既定的目标。

“王总，您这房子真漂亮。”这句话听起来像拍马屁。“王总，您这房子的大厅设计得真别致。”这句话就是赞美了。

下面是两个赞美客户的开场白实例。

“林经理，我听华美服装厂的张总说，跟您做生意最痛快不过了。他夸赞您是一位热心爽快的人。”

“恭喜您啊，李总，我刚在报纸上看到您的消息，祝贺您当选本省十大杰出企业家。”

二、直接向这类客户提出问题

直接向客户提出问题，利用所提的问题来引起客户的注意和兴趣。如“张总，您认为影响贵厂产品质量的主要因素是什么？”产品质量自然是企业老总最关心的问题之一，推销员这么一问，无疑将引导对方逐步进入面谈。

在运用这一技巧时应注意，所提问题应是对方最关心的问题，提问必须明确具体，不可言语不清楚、模棱两可，否则很难引起顾客的注意。

三、向客户提供一些对客户有帮助的信息

向客户提供一些对客户有帮助的信息，如市场行情、新技术、新产品知识等，会引起客户的注意。这就要求能站到客户的立场上，为客户着想，尽量阅读报刊，掌握市场动态，充实自己的知识，把自己训练成为这一行业的专家。客户或许对推销员应付了事，可是对专家则是非常尊重的。如你对客户说：“我在某某刊物上看到一项新的技术发明，觉得对贵厂很有用。”

为客户提供了信息，关心了客户的利益，也获得了客户的尊敬与好感。

四、利用产品吸引这类客户

利用所出售的产品来引起客户的注意和兴趣。这种方法的最大特点就是让产品作自我介绍。用产品的魅力来吸引客户。

现在许多天猫店和淘宝店店主都特别重视拍摄精美的商品照片，集中突出商品的外观工艺设计等特点。网上各种促销方法不一而足，包括用客户的客观评价和店铺的网络认证等级来赢得消费者的信任。

 家庭决策型客户

对象了解

购买决策的类型多种多样，家庭决策型是指购买决策的过程由家庭成员共同参与，通过家庭会议等形式商讨。家庭决策型客户的购买决策受到每一个家庭成员的影响，但每一个家庭成员在购买决策过程中所起的作用并不是完全相同的。比如在有些家庭中，孩子的意见对家庭决策有很大的影响。

在不同类型的购买中每一个家庭成员的决策力也是不同的，比如在家具等家居用品的购买中，毫无疑问男女主人的决策影响力则相对较大。

给老年人购买保健品，这时老年人的决策影响力相对大一些。其实有时候也并非如此，因为在很多家庭，老年人的保健品大多是子女晚辈来购买的。

案例介绍

小东是初一的中学生，每天骑着一辆破旧的女式自行车上学，为此屡次被班上的同学耻笑。在这群同学的鼓动、暗示、嘲弄下，他有了换一辆高档登山车的念头。

小东知道，以家里现有的经济条件，要说服家长买一辆近两千元的登山车十分困难。为此他先跟奶奶商量，想出种种理由来证明买车的价值和必要性，等到老人首肯后，两人便商量决定要在周末的晚餐桌上提出这个要求。到了周末，当大家正开心地吃着丰盛的晚餐时，小东对奶奶使了个眼色，于是老人便把小东灌输给她的道理搬了出来。当然，最后的结论是：非给孩子买辆新登山车不可。

这下可令小东的父母亲为难了。家里的经济状况一般，手头钱倒是有一笔，

可本来是计划用来买新的电视机，但老人从来不提什么要求，难得提一次，如果不答应未免有点令老人不舒心，再说又是为了孩子。两口子会心地看了一眼，竟爽快地答应了老人的提议。

这时，正在小东家蹭饭的舅舅提了个建议，说他有个朋友是开自行车销售店的，到他那儿去买可以打个折什么的，没准还能省个一两百元呢。

第二天，等小东放学回家，就看到一辆簇新的名牌登山车摆在院子里。小东心里的那个得意劲就甭提了，恨不得明天的太阳立即升起来。

案例分析

在这个案例中，似乎没有企业行为的介入，但却能给我们以启迪。即如果小东的购买意念是企业通过广告宣传或销售人员的努力产生的，那么企业在接下来的家庭购买决策过程中应该做些什么？面对家庭决策型客户，企业往往是先接触购买决策者中的一员，然后这个人作为企业的“传信者”把企业提供的信息传达给家庭中的其他购买决策人员。

案例中小东可谓是一个极聪明的游说者，然而并不是企业首先接触的每一个家庭购买决策人员都是很有力的“传信人”，能够有效地传达企业的产品信息。这个时候，企业就应该做些努力，武装你的“传信人”，培训你的“传信人”，把你说服他购买的信息有效传递给其他家庭购买决策成员。

一般来说，家庭里物品的购买者和使用者往往不是同一个人。此时，我们把负有购买责任而且拥有否决权的购买者称为守门人。

消费心理学家曾做过一个研究，可以说明这种效果。此研究的目的是想探讨，在孩子叫妈妈给购买玉米花时，妈妈究竟扮演何种角色呢？研究指出，妈妈通常不同意购买小孩所喜欢的品牌，所以妈妈具有守门人的效果。这种效果对专门制造几种产品的厂商是非常重要的，因为妈妈不但是儿童的购买代理人，且往往把个人爱好投人购买决策里，而忽略了儿童本身的爱好。所以，有时广告的制作，必须针对妈妈而非孩子。

如果你的客户说，他要把你的申请交给其他人或把它提交给决策委员会（比如家庭商讨），那么这时销售过程就由你转到了另外一个人身上。如果不可能与决策者直接进行沟通，你必须对传信者进行培训，帮助他按照顺序和格式安排好材料、强调产品益处，这样他就会以一种能被理解的、有说服力的方式去和决策者沟通。你和你的“信使”必须预料到决策者会问的问题或所关注的事情，并准备好有效的答复。

一定要知道你的销售不仅仅依赖于你的“信使”的演讲能力，你要给他一个万无一失的锦囊：利用图形以及相关宣传资料，这些都是不释自明的证据，会有助于他的解释。

如果是通过书面形式提出这个申请，而不是口头表述，那你就要和你的“信使”一起好好研究一下，确保这个申请包括了你想要说明的所有销售信息。

点子

一、家庭中的角色规范

在家庭里，男人大多表现以工作为中心的行为，然而女人则以社会情绪行为为主。这种现象隐含着个人由于行为表现的差异，所以在做购买决策时也会有所差异。例如，在购买时，男性较强调产品的效用和物理属性，受理性的支配较大；女性则刚好相反，她们较强调产品的“美感”，在购买历程时扮演着参谋的角色，也就是说妻子提供意见，丈夫做购买决策。

当然，通常较重要的购买决策都是由夫妻二人共同会商后才决定的。虽然通常家庭中两个人所负的责任不一样，但是遇到较重要的事两人会在一起讨论做出最佳决策。

此外，我们还必须注意，当单独由丈夫或妻子一人做反应的时候和由夫妻在一起同时做反应时的百分比不一样。虽然此种差异一般说来并不大，但在某些特定情况下，差异颇为显著。还有，购买电冰箱及汽车的过程和购买其他产品的反应也大不相同。

显然，当家庭人数增多，则大家在一起做决策的次数也会增多；此外，家庭的影响力在购买决策末期会表现得特别明显。例如，关于新房室内的设计，家庭成员的意见非常重要。然而，假使购买时需要具备特殊知识或技巧的产品，则通常以个人为中心，并非以家庭为中心。例如，女性时装的购买。

二、家庭影响力的要素

一般说来，中等收入的家庭通常召开家庭会议来做购买决策，但上等收入及下等收入的家庭，则由个人主动做决策。在下等收入的家庭，妻子往往是主要的决策者，因为妻子是平日里节衣缩食当家理财的第一把手。上等收入的则无此现象。在个人社会角色变动较快的环境下，会增加家庭的意见交流。例如，当一个人结婚了，他可能会脱离原来独身生活的圈子，以便于夫妻间更融洽地生活在一起。但有时，个人结婚后，还是会停留在原来的团体内，这表示个人对原来生活圈子非常留恋。

在不同文化的国家里家庭的决策方式是不同的。一般来说，西方的家庭喜欢家庭成员一起做决策；而东方家庭的男主人拥有最大的权力。随着年龄的增长，夫妻二人共同做决策的机会减少。其主要的原因是由于长久而稳定的家庭生活，夫妻双方已经了解对方的需要并认清自己的角色。社会心理学家肯凯尔认为，一旦孩子出生，则夫妻共同做决策的机会减少。因为孩子的出生，使得家庭里多了一个新角色，于是家庭内的互动关系变为复杂，打破了原来夫妻两人平等而和谐的角色关系。

记住：帮助传信者准备好材料、准备好强调产品益处的详尽介绍，以及对可能会问到的问题的有效答复。如果你想把产品卖出去，就得去和有购买决策权的人谈。否则，你就会止步不前。

78　社会协商决策型客户

对象了解

由于消费者所处的社会经济环境和条件的差异，他们的购买决策过程也受到来自政治、经济、艺术、宗教、道德、生物、生理、社会学等各方面不同的影响。

影响消费者购买动机的社会因素包括政治因素：政治制度、思想意识形态。经济因素：社会生产力水平、社会生产关系结构、社会消费水平与结构、消费者经济收入、消费内容的选择和价格。文化因素：消费者文化背景、社会教育发展水平、大众传媒。风俗因素：地理差异、气候差异、历史沿革、消费习俗。群体因素：从属群体、参照群体、榜样群体。习惯因素：行为定势、观念定势、心理定势。宗教因素：消费理念、消费限制、消费行为规范。

营销对策

要抓住社会协商决策型客户，关键就是要成功地接近所有影响购买决策的人并说服他们，至少是要成功地接近制定购买决策的主要人物并说服他们。成功的推销员往往能够利用公关技巧见到购买的决策者。

1. 经常打电话

切记遭到拒绝后，不要就此放弃。遭到拒绝后，把该人的名字放回你的联系计划表，过两半个月后再试。

为约见对象而第二次联系时，尝试使用别的方法。

坚持不懈方能有所回报。通常在打了三四个电话之后你才能确定对方的真实想法。有时，你可能要打20个电话才能约见到一个对象。不要跟没兴趣的人浪费时间，但也不应粗鲁的挂断电话。

2. 使用“右耳”技术

大脑左半部分的主要功能是分析推理，右半部分则主要控制你的情绪和创造性。大多数惯用右手的人将电话听筒放在左耳边，以便用右手来记东西或操作电脑。然而，用左耳听电话会将所有拒绝的回答传至控制情绪的右半脑。这样对打预约电话又会产生抵触情绪，加大打预约电话的难度，而这些电话对于增加预约数量是必不可少的。

对电话营销机构的研究表明，“右耳”技术可以显著提高销售额和约见成功率。如果你用的是头戴式耳机，记住只打开右耳的音量开关。

3. 紧紧围绕交易问题建立友好关系

一些潜在决策者可能会对你说“他们不想见任何销售人员”，但是说这样话的人也会和一些销售者会面，甚至和他们出去共进午餐。很明显，他们的意思是不想和你见面。如果你曾和他面谈过，但却没能有第二次面谈，这的确很让人灰心丧气。

所有客户和销售者的关系都包括两个层面：社交和生意。生意层面指的是与你的产品或服务相关的客户工作的所有方面。社交层面则是指你和客户在个人关系上的交往：作为你个人而言，是指客户对你的看法，你做事的方式、说话的方式，以及通常你所说的那种友谊。

倘若你悄悄地把一个录音机放到客户的办公室里，录下你去拜访他之前他会说些什么，你会听到什么呢？

“噢，天哪，别是他。他能把你说得昏昏欲睡。”

“他只知道争论。”

“他了解自己的产品，可他从不让你把话说完。”

有时因为你的个人习惯，会让客户觉得和你谈话不是件愉快的事。也许是你身上的味道不好，也许是你的行为有些无礼，也许是你的用餐礼仪不当，喝得太多，过于粗鲁，或是缺少知识。在销售中，成功还是失败有很大一部分取决于客户是否喜欢这个销售人员。

如果你觉得你的客户不喜欢和你谈话，就花些时间去了解你的客户，然后在销售前与每个客户都建立良好关系。

以友好、专业的方式做事，关心客户的利益，言谈幽默，对自己的行业知之甚多。练习提高自己的沟通能力。要面带笑容，与客户保持目光接触，对客户的意见予以回应。友好而又充满敬意。避免消极的反应，比如争吵或皱眉。友好关系就是找出双方的共性，在这个基础上建立互利的关系。

因为每一个决策影响者都是你的客户，所以如果和他们建立起了友好的关系，销售就成功了一半。社会协商型决策的生意难做，难就难在要打通每一个决策影响者的客户关系，但它也是会给企业带来好处的，首先社会协商决策的购买一般标的数额大，其次如果你让这些决策影响者都满意了，那么他们以后也会考虑购买。

第八章

从客户性别、职业、社会地位、年龄研究挖掘客户

79 高级知识分子客户

对象了解

高级知识分子，无疑是知识界的精英人物，而在当今这个知识经济时代，更是整个时代的精英人物。高层知识分子一般生活比较充裕，具有较高的购买力水平。同时，不得不提醒您，千万别想唬弄他们。作为知识界高层，他们对产品及服务相当了解，因而在产品品质和服务质量上都有更高的要求。然而，从职业性格上来讲，企业的每一类客户都是有“软肋”的，只要企业抓住了这根“软肋”，就不怕错过企业的任何一类客户。高级知识分子的“软肋”是什么？那就是他们在个性清高之外也非常热心，具有强烈的感恩之心；其次是，作为彻头彻尾的文明人士，他们非常赞赏和支持先进文明的行为和处事方式，他们希望得到符合其身份地位的尊重和认可，希望他人把他作为文化人用文明的方式进行友善的沟通。

案例介绍

一位从德国回来的教授曾跟学生讲过这样一件事：教授在德国做访问学者期间，有一天，他推着购物车在德国一家大型超市购物，不慎将一个放置不稳的大型花瓶碰倒在地，瓷质花瓶摔成粉碎，他想“这回该挨骂赔款了！”（在我们国家我们都有许多类似的体会，不是吗？）于是，他主动上前向售货员小姐道歉，并表示要赔偿损失。令他大为吃惊的是，售货员小姐不但丝毫没有责怪他的意思，反而极力安慰他。同时，售货员小姐还用电话向经理报告，检讨说因自己照顾不周而让顾客受惊。

这已经很让教授感到意外了，但还有更令教授感到出乎意料的：经理接到售货员小姐的电话后马上出来了，满面陪笑，毫无责怪之意，并说他已从闭路电视里看见了此事，特意出来向顾客赔礼道歉，非常关切地询问教授有没有被破碎的瓷器划伤，并满怀歉意地解释说："先生，对不起！让您受惊了。是我的职员没把货架放好，责任在我们。"然后一直陪他将货物购完，并亲自送他出超市。

当然，面对这种意外的礼仪，教授倾其所有买了满满一车的货物回家。从此以后，他每次购物必到此家超市，而且逢到熟人总是要将这家超市的服务态度夸耀一番，带动了不少人也前往这家超市购物。

案例分析

在这则案例中，其实涉及的主要是超市的服务问题。然而，从中却可以折射出高层知识分子群体的一些性格特征，作为我们对这一类群体进行有效营销的参考。在案例中，教授打碎了花瓶本来是认为自己要承担责任并且可能要忍受商家的脸色了。

意料之外的是，他遇到了不可思议的礼数，使得他非常像一位体面的教授，一个访问学者，受到应该受到的礼待和文明交涉，这使他对超市的服务态度非常地感慨。当他对朋友和学生讲到这件事，赞扬该超市的时候，他还强调一种欧洲文明国家的商业精神。由此可见，高层知识分子群体非常注重和客户之间文明的交涉，注重文明规范的商业操作，注重贴心体己、文明高尚的顾客关系。

作为一个热心感恩的知识分子群体，他们对商家企业的帮助将是巨大的，他们回报给你的赞扬是放在类似商业精神这样一个层次，这样一个高度的，这对你的企业形象、公共关系都将是一次大大的提升。

知识分子的舆论导向力量你是了解的。

点子

面对智慧型的高层知识分子客户，容易被识破的营销手段是没用的，因为你的客户比你有知识，比你聪明。

切记，不要跟他们玩脑子。我们玩的是什么？是心理，是感性的一面。首先必须了解高层知识分子的性格特征（这在对象了解和案例分析中都有所剖析），然后根据这些性格特征，攻心为上。千万不要让他们觉得你是满身铜臭的商人，而是要留给他们一个儒商，一个文化商人的形象。这样，你就可以融入他们，不但让他们站在你这一边，成为你的忠诚客户，而且为你说话，说好话。

记住：世事不外乎人情，营销也不外乎人情。

80 科技人员客户

对象了解

科技人员主要是理工科方面的人才，非常理性，以科学的态度审视生活，以严密的逻辑思维分析事物。你是什么样的企业，专业还是不够专业，先进还是不够先进，他们心里都非常有数。你要令他们折服，你的企业，你的产品，你的管理，你的营销理念就要给他们专业、科学、先进，有技术含量的形象。他们只和懂技术的内行说话，因为他们都是内行。

案例介绍

香港某公司生产了一种取名“网络饭饭”的饼干类食品。

该产品的目标客户定位是网络族（特别是网络游戏迷）和经常在电脑前工作的上班族群体。该品牌的广告策划内容如下。

健康小贴士——你知道吗？长时间面对电脑或电视屏幕，会引发视觉疲劳，造成视力下降，看不见的电脑辐射更在无声无息中危害着人体健康。体内的钙质，也会由于长时间的端坐而悄然流失。“网络饭饭”独有的“能量补丁”，蕴涵丰富的维生素A、胡萝卜素和活性钙，给长时间面对屏幕的人群更多的关怀、更多的能量。

维生素A——合成视网膜中视紫质的必需物质，维持正常视力，缓解视疲劳，有效预防视力衰退。

胡萝卜素——能提高人体红细胞的活性，抵抗不良环境中的射线辐射，增强免疫力，适合长期在电脑前工作的群体。

活性钙——维持调节机体内许多生理生化过程，维持细胞膜的完整性和通透性，促进骨骼生长，增加机体抵抗力。（另外广告配有营养标识图表）

“网络饭饭”上市后受到网络族和经常和电脑打交道的上班族的青睐。该公司的产品经过准确的市场定位和巧妙的广告宣传，在上市销售后果真红了。

案例分析

这则案例中企业获得的成功主要归于准确的市场定位和巧妙的广告策划，值得我们分析和学习的是营销广告策划的思路。

由于产品的目标客户群是网络族和经常使用电脑的上班族，而这类群体包括学生（玩网络游戏的以中学生和大学生居多，调查数据表明约占 2/3）、白领上班族和昼夜颠倒的 IT 业技术工作者，这类群体的共同特征是文化水平较高，都属于某一行业的专业人士或正在培养中的专业人士（大学生），他们已经对大而言之，笼统含糊的产品属性、功能介绍失去信任，而转向科学、专业、详尽的产品属性、功能介绍。“网络饭饭”广告策划内容中运用医学说明对产品属性、功能进行详尽的介绍，科学而且严谨，形成有技术含量的产品形象，赢得了目标客户的信赖。另外一点更不容易引起注意的是，这样的目标客户群的细化和专业化，让目标客户感到欣喜和自豪，因为任何一个人都会为拥有根据自己的特点量身定做的产品而感到高兴。

点子

要抓住科技人员客户，你就要表现得像个科技企业，像个懂得科技的专业销售人员，另外就是对你的客户（科技人员），表现出一种对专业人士的尊重和恭维。当你的客户感觉到和你是站在同一社会层次的人，那么你们就有了共同语言，开了个好头，交易当然就能做成了。我们的方法就是，把产品尽可能塑造成有科技含量的产品，然后对你的科技人员客户表达充分的认可和尊重，并加入适当的恭维，引起产品和客户的共鸣。这样做并不困难，因为科技人员客户虽然在他所处行业是实实在在的专家，但隔行如隔山，你只要表现得也像一个专家就可以了。这是一种营销理念，一种令科技人员客户产生信任感和归属感的产品形象理念。

记住：业精于专，方显卓越。

81 儿童客户

对象了解

儿童消费群体的消费行为存在着其特殊性，这是因为儿童消费者具有需求比较单一、知识有限导致辨别能力有限、接触的媒介途径较少等特点。

这类客户的一大特点是对价格不敏感，虽然儿童知道在不同的商店中商品的价格不同，但是他们对某一特定商品的价格并不很清楚，他们对商品的价格不太关心。在一次调查中，问及一部分儿童，如果想买一部新的电视机，他们想了解一些什么事情，结果只有30%的儿童想知道价格，大部分想知道电视机的功能。

对象分析

为什么儿童对价格不敏感？

有句话说，再苦不能苦孩子。当代中国人在孩子身上花钱是最不心疼的。虽然家长都希望自己的孩子有经济头脑，但是商店经常用这种话招呼、吸引顾客"买我们的商品，不要考虑价格"，而家长又常常无条件地付钱。电视广告中也几乎不提价格。广告商似乎并不想让儿童具有价格意识。在这种情况下，儿童又怎么会非常关心价格呢？

儿童一般不需为生活必需品担心，他们自己的钱可以随意花，没钱用时，也无所谓。这种情况使儿童不可能有强烈的价格意识。

营销对策

既然儿童对价格不敏感，那么就只能通过价格以外的其他营销途径来促进儿童消费。

促进儿童消费的方法有：

1. 包装策略

如果你是一个家长的话，你一定对此有着深刻的体会。今天的中国，从膨化食品到水彩笔，从小人书到儿童服装，没有一样不在包装上动脑筋的。这是因为对儿童消费群体来说，包装的作用远大于广告。由于儿童对商品的包装的接触是如此的广泛，包装设计者必须非常小心，避免错误引导儿童。儿童对商品的面积和容量的判断，往往是根据商品的包装而做出的。

商家对包装的设计一般是围绕着下面的考虑进行的：便于产品使用，可挤压的塑料瓶让儿童方便地将酱类涂抹在食品上；便于握拿，例如锯齿形的瓶子；提供附加品，例如在虾条的包装袋里加入卡通人物卡片；提供奖励，例如在食品袋里随机的提供小额奖励。

2. 电视广告

对于儿童来说，他们与外界沟通的媒介主要就是电视。据研究，儿童一般一周看 25～30 小时的电视。父母允许孩子看一些电视节目，但是他们不想让孩子看内容有害的节目或广告。大多数父母认为电视机可以使孩子得到教育和娱乐，电视节目还有专门针对儿童的，比如著名的《大风车》。

儿童收看电视的高峰时间是晚饭后，放学后和周末收看的时间也很长。儿童在周六看电视的时间只占整个收看电视时间的一小部分，但是在这段时间中，他们聚精会神，因此星期六是向儿童做广告的最佳时间；其次就是儿童放学后的时间。

据统计，儿童收看电视时，每年能看到 2 万条广告，他们能对其中的大概一半非常注意。儿童是今天商品和商业服务的顾客，也是未来的顾客，而且是能对父母施加影响的重要顾客。

82 女性客户

对象了解

女性消费者的特点：

1. 女性消费主要体现在美容和服装上

美容和时装消费永远是女性市场的主力军。各类化妆品、保健品、减肥药，各种服装、饰品及相关服务，是女性市场永恒的热点。具有生活常识的人都知道，女性对自己的容颜有着难以理喻的重视。所有的女性都希望自己能够青春永驻，拥有少女般的皮肤和身材。这为美容和服装市场提供了巨大的商机，美容市场包括各种护肤品、健身俱乐部和美容院等多种行业。

2. 女性消费者是理性与感性的混合体

有关专家指出，女性消费者有时表现得相当理性，有时又表现得相当感性，这可能是与女性的心理特征有关。对于那些能够引起女性情感、虚荣心等方面的产品，比如华丽的衣服、高贵的钻戒和优质的化妆品等，她们会表现得感性而冲动，一心想据为己有而不管价格的高低。有时，女性消费者又属于理性消费群体，尤其是在日常生活用品和使用工具方面，她们表现出了非常现实的一面，精挑细选，非常具有经济头脑。常常会因为一件商品的价格而不计较成本地跑遍了街上的商店，营销人员对待这样的消费者必须有耐心。

3. 女性常常担当着家庭购买者角色

对于一些已婚的女性来说，有许多消费行为不一定是为自己而决定购买的。家庭里物品的购买者和使用者往往不是同一个人，女性在家庭购买中往往是直接的购买者。

简单的例子

以中国目前的护肤品市场来说，据初步调查，仅市面上流行的“养颜”护肤品就有阿胶养颜、排毒养颜、洗肠养颜、动态排毒养颜等数十种，如阿胶珍珠养颜膏几个月就建立了2000多个销售网点，销售收入成倍增长。据统计，上海市妇女用品商店销售业绩每年以10%的速度增长，并始终保持极高的利润。

就女性的家庭购买角色而言，有人曾经做过实验，看看在小孩购买爆米花上究竟扮演着何种角色，结果表明妈妈通常不同意购买孩子喜欢的品牌。所以妈妈具有守门人的效果。这种效果对专门制造儿童产品的厂商是非常重要的，因为妈妈不但是儿童的购买代理人，而且往往把个人爱好投入购买决策里，而忽视了儿童本身的爱好。所以显然有时广告的制作，必须针对妈妈而非孩子，虽然妈妈不是最终的消费者。

新的变化及营销对策

市场营销专家对北京的服装市场进行了调查，调查对象包括燕莎友谊商城、翠微大厦、王府井东方广场等著名商场和购物中心，分析得出，女性消费仍然主要体现在女装和化妆品等女用消费品上。专家们认为，女性消费仍然是目前服装消费的主流，2016年其购买群体中女性占了70%，占总销售额的80%。但是需要注意的是目前女性消费出现了五大变化。

1. 消费层次细化

女性消费群体出现了多元化的消费格局，既有讲究实用的，也有追求时尚的；既有稳重、含蓄型的，也有突出个性的。

2. 女性消费出现品牌化趋势

过去那种“男人穿品牌，女人穿时尚”的现象已经过时，随着职业女性的增多，女性消费者同样甚至更为注重衣着的品牌。

3. 流行周期缩短

由于女性消费者更注重时代感和个性化，因此女性用品寿命越来越短，尤其体现在女装上，过去讲究的主题款式如今很难再沿用了，服装流行趋势的发布往往赶不上市场的变化。

4. 女性消费意识愈来愈成熟和敏感

表现在选购商品时更加自信和精打细算。

5. 具有个人传播信息的途径

一项调查显示，当女性消费者购物满意时，会主动告诉4个人，但当她购物不满意时，其受众人数会达到21~24人；而且女性消费者更相信来自同事、朋友和家庭其他成员的推荐。

鉴于女性消费的新特点，专家们提出，今后要把女性市场作为市场繁荣的亮点，要在主题消费上下功夫，增加女性专营店的时代性。经营者要探求女性的消费心理；培植好自己商店的代表品牌；在服务上要掌握好“度”，切忌过头推销。新时期要特别关注中年女性消费群体，因为她们在社会和家庭中占消费主导地位，她们的购物范围也明显扩大。

83 传统的老一代客户

个性特征和生活态度

这类客户重视物质享受。他们最大的愿望是儿女成群，拥有温暖的家，最大的满足是五子登科，有很多钱，让全家人过得愉快。社交关系不错，喜欢和朋友在一起，工作上尽忠职守，有责任感，不过有时候也希望独处。

信息来源和娱乐偏好

在信息内容上较常看电影或新闻报道类，其他如各种戏曲及本土文化形态的。娱乐偏好上，特别喜欢生活剧，喜欢国产电影，不太有偶像偏好。

营销取向和营销渠道

勤俭持家的传统老一代，价格是最佳的营销切入点。以日常用品及电器商品来说，通常价位可以影响他们的消费行为，但是，当加上健康概念时价值就很难衡量，毕竟没有人会拿健康开玩笑。所以，针对这类客户的营销方式，除了价格元素之外，就是健康元素。

如果提供家庭亲情的服务，结合周到的家庭同游，关怀气氛的亲情市场，其实很容易接近他们，但是，如何实现他们未完成的心愿，或许是在物质及商机之外社会需考虑的责任。

84 豁达的中生代客户

84.1　潇洒的大哥大客户

个性特征和生活态度

这类客户每天忙着交朋友，吃饭交际应酬，也很要面子，不过这么忙碌的生活中，如果能偷得浮生半日闲，不做任何事，也是一种享受，所以现阶段就是觉得时间不够用，而且要支付这些交际应酬的花费，金钱也是非常需要的。

他们日子过得“团团转”，喜欢拉着三五个好友到近郊踏青，如爬爬山，洗温泉，泡泡茶，谈谈怎么赚钱，或是哪一个明星又有什么绯闻，有何奇人异事，参加一些卡拉 OK 演唱或英语班等社团。

这样过日子很自在，加上喜欢到处乱跑的习惯，最想做的就是自助旅行，或去钓虾或鱼消磨一天的时间，反正就是不太喜欢呆在家里，吃东西对他们来说，也是一种学问，吃什么、怎么吃都很重要，喜欢吃海产和日本料理。当然，还有一个最为时髦的活动他们绝对不会缺席，就是在微信圈里面跟群主起哄、发表情包和抢红包。

消费心理和消费行为

这类客户喜好在外结交朋友，片刻不离手机，你兄我弟到处联络，请客吃饭，信用卡到处刷，多少也要和流行的新科技沾一点边，才不会成为“老土”。奔驰、宝马、奥迪车的持有率高，消费派头，知名度高的商品及新奇的商品都有可能尝试，对交通是最重视的，注重交通方便更甚于对居住环境的要求。

84.2 洋式的寻梦者客户

个性特征和生活态度

这类客户大部分都还没有退休，仍在勤奋地工作，正值事业有成、家庭美满的时候。他们在运动休闲的时候可以得到充分的满足感，和父母相处还算融洽，喜欢家庭和乐的感觉；在自己半辈子的打拼之后，最希望的是安定的生活，不需要再为生活烦恼或为儿女担心；累积了丰富的人生经验之后，其实最想要心灵层次的充实感，活得有意义，悠哉地过活，有知心的朋友及宗教信仰，寻找人生真正的意义。

以前因为工作忙碌往往忽略了健康，所以重视养生之道，维持规律的生活及运动，常常去散步、爬山，也喜欢在庭院种一些花草，怡情养性，平常把看电视作为吸收信息及娱乐的最佳方式。很重视精神生活，喜欢听像莫扎特、贝多芬或肖邦等古典音乐。

最大的愿望还是到世界各国走一走，环游世界，或体验存在的感觉，当然平常参加一些社团活动，结交一些朋友也有很不错的感觉，重温一颗年轻的赤子之心。喜欢摄影，看美剧，参观名胜古迹，听音乐会，把握时光，完成年轻时无法达成的心愿。过日子不喜欢太招摇，也不太喜欢被打扰，拥有自己的工作及退休生活。

消费心理和消费行为

这类客户对自己的生活较有规划，具自主性的消费习惯，太花哨的东西并不能打动他们。购物时，他们可能会罗列一张购物清单，不会多花一毛钱，因此设计一些有个性、有特色的商品，才能满足其美式规律的购买习性。美式生活习惯还要求交通便利、空气清新，最好还要有庭院，较注重生活品质。

84.3　针对豁达的中生代客户的营销取向和营销渠道

握有绝大部分财富的豁达中生代已完成了接班的工作，但也面临环境的大变动（数字及网络）及多元化的挑战。单一思考的中生代崇尚英雄，注重家庭及人际关系，却忘了自我潜能的开发。当然，这也成了成人教育的巨大商机，这个时代通常在高等教育之后，即停止了学习，以其庞大的群体，构成一个终身学习的市场。

85　怪异的新生代客户

85.1　时尚的乖孩子客户

个性特征和生活态度

升学的重担降临他们身上，继承传统升学主义，由于埋首于书堆中以及不断的考试压力，借着休闲运动到郊外休憩稍可舒解压力，或带个篮球到球场投几个球；可能父母工作太忙，以及升学读书成绩的压力，喜欢独处思考，现阶段最想要的是知识技能及可以谈心的知心朋友。对于自己期望较高。

除了看书还是看书，这个群体是乖宝宝，平常活动单调，几乎很少有娱乐活动，听音乐及看休闲书已经是最大的享受。由于长期的自我压抑和对自我的期许，独立意愿非常强烈，有很多事想去尝试，如打工赚钱。经济独立是首要，一种逃离的心情存在他们的心中。骑摩托车、玩摄影及蹦迪都是他们想做的，在努力升学苦闷的生活之下，自我放逐的解脱逃避的心理存在于潜在的期望之中。

信息来源和娱乐偏好

在信息内容上偏好日剧及卡通，他们也是一群年轻的哈日族，对日本文化有所偏好。此外对知识性节目也很喜爱，对知识、日本文化及音乐多有所关注。

消费心理和消费行为

这个客户群上网比例最高。他们把自己封闭于网络世界中，喜欢在网上购物。

85.2 纯真的坏孩子客户

个性特征和生活态度

年轻就是本钱，最能享受青春期的纯真及无忧无虑的解放，和异性在一起，或是两小无猜谈谈小恋爱，是最美好的事。平常喜欢在街上闲逛，喜欢买东西，所以最希望有钱可以支付平常的一些开销，同时也可能要担心学业的问题，升学可能是很期待的事，喜欢交一些知心的朋友。

这个客户群体是电玩娱乐爱好者，特别热爱动画及卡通，喜欢电脑游戏。他们更习惯于图像的表达方式，较不习惯阅读文字。

消费心理和消费行为

消费心理感性，是商家容易从心理上影响的消费群体。叛逆追求个性，因而是创意型的消费者，流行商品的使用者。

85.3 针对怪异的新生代客户的营销取向和营销渠道

怪异的新生代客户可称之为娱乐时代的客户，他们不太关心社会，只关心他们的偶像如何，活在楚门世界中，梦工场、迪士尼正在创造这样的王国。

他们还关心哪些呢？体育报道、休闲旅游、漫画、笑话、电影电视节目介绍、娱乐报道、体育、卡通、灵异，其他尚有日剧、韩剧。

针对这类客户的营销以叛逆的性格、感性的消费心理为取向。渠道以电视、电影、网络和其他各种具有互动性质的平台为最佳，明星代言对这类客户极为有效。

致谢

在多年学习积累的基础上，经过十多年的实践锤炼，终于推出了这本探讨客户心理的册子。应该说，努力了解客户、吸引客户，这是一个永无止境的实践过程。不揣冒昧推出本书，也希望本书对各位读者在客户管理和销售过程中有所启发。在本书编写过程中，笔者得到了欧阳慧、王静、陶源等好朋友的大力支持和帮助。在此一并致谢！

庆年

2017年7月